cocon

Begleitbuch zu einer Ausstellung des Frauenbüros
„Das Private ist politisch! Die Frauenbewegung nach 1968
in Hanau Stadt und Land“ im Neustädter Rathaus Hanau,
8.3.–23.3.2011
Hanau 2011

Gestaltung: Manfred Nachtigal
Lektorat: Anja Zeller

CoCon-Verlag
In den Türkischen Gärten 13
63450 Hanau
Tel.: 06181-17700
Fax: 06181-181333
www.cocon-verlag.de

ISBN: 978-3-86314-203-2

Das Private ist politisch!

Die Frauenbewegung nach 1968 in Hanau Stadt und Land

hg. vom Frauenbüro der Stadt Hanau

cocon

Inhalt

Vorwort
6

Imke Meyer
Der Muff der fünfziger und sechziger Jahre
8

Imke Meyer
Das Private ist politisch!
10

Ruth Defoy
Paragraf 218 – Frauen wehren sich
12

Ilse Werder
Frauen helfen Frauen – gegen riesige Widerstände
16

Ilse Werder
Hanau feiert den Internationalen Frauentag
18

Ilse Werder
Frauen in der SPD machen Dampf
22

Ruth Defoy und Imke Meyer
Die Demokratische Fraueninitiative in Hanau
24

Fräulein antiquiert
25

Hanauer Autonome Frauen – ein Gespräch
26

Frauenboxen oben ohne
29

Ilse Werder
Auch in den Gewerkschaften Aufbruchstimmung unter Frauen
30

Conny Gramm
Frauen in den Gewerkschaften
32

Elfriede Klimmer
Mit frischem Wind – ins Leben und in die Politik
33

Frauenporträts von Dorle Obländer
34

Marianne Rödiger
Nicht nur die Akademikerinnen
48

Mädchentoiletten
49

Ruth Defoy
Frauen und Frieden
50

Hildegard Waltemate
Wie der Frauentreff entstand
52

Isolde Reichert
Die 68er-Bewegung und viele Reformen – auch bei uns
54

Die kleine Hexe
55

Ilse Werder
Frauenaufbruch in der Evangelischen Kirche: Direkt ins Leben
56

Ilse Werder
Viele Fraueninitiativen im Main-Kinzig-Kreis
58

Ilse Werder
Konjunktur für Kultur – immer mehr Frauen werden aktiv
60

Ilse Werder
Gründung des „Archiv Frauenleben im Main-Kinzig-Kreis“
62

Ilse Werder
Gleichstellung in Ländern und Kommunen
64

Nachruf auf Conny Keber
65

Ruth Defoy
Die frauenbewegten wilden Siebziger
66

Zur Quote
68

Imke Meyer
Was noch zu erledigen wäre
69

Spiel
74

warum ich mich einsetze …
76

Zum Weiterlesen
80

Vorwort

Die Zweite Frauenbewegung der siebziger und achtziger Jahre hat die Bundesrepublik nachhaltig verändert, stärker als jede andere soziale Bewegung.
Die Frauenbewegung hat die Gleichberechtigung der Geschlechter vorangetrieben, damit maßgeblich zur Demokratisierung dieses Landes beigetragen und dazu, dass Deutschland den Anschluss an die westeuropäischen Länder nicht verloren hat. Dies ist eine historische Leistung, die in Erinnerung bleiben muss.
In der Bundesrepublik der sechziger Jahre waren die Geschlechterrollen sehr traditionell verteilt. Trotz der Verankerung der Gleichberechtigung im Grundgesetz wies die Gesellschaft der Frau die Familienarbeit und dem Mann die Rolle des Ernährers zu. Die Benachteiligung von Frauen zeigte sich bis in die siebziger Jahre auch auf rechtlicher Ebene. Trotz verfassungsrechtlichen Auftrages war das Familienrecht im BGB immer noch nicht vollständig an das Grundgesetz angepasst worden.
Die Ausstellung „Das Private ist politisch!" und dieses Lesebuch sollen – am Beispiel der Frauenbewegung in Hanau – für die nachfolgenden Generationen das Wissen zugänglich machen, dass die Gleichberechtigung nicht automatisch Teil unserer Kultur ist – schon gar nicht eine Folge der Aufklärung –, sondern dass sie erstritten wurde von Frauen, die sich und ihre Schwestern aus der ihnen zugedachten Rolle befreien wollten.
Die Frauenbewegung hat alle gesellschaftlichen Bereiche beeinflusst: die Bildung, die Kultur, die Arbeitswelt, das Gesundheitswesen und die Sexualität. Indem das Private politisch wurde, konnte deutlich gemacht werden, dass die Rollenzuweisungen nicht die Entscheidung der Frauen (und Männer), auch keine Frage der Schöpfung, sondern gesellschaftspolitisch bedingt waren.
Ziel der Ausstellung und der Publikation ist es auch, die nachfolgenden Generationen zu sensibilisieren und zu aktivieren, gegen alle Versuche, Frauen die erkämpften Rechte wieder zu nehmen. Die enorme mediale Aufmerksamkeit, die Publikationen wie „Das Eva-Prinzip" von Eva Hermann erhalten, die die Geschlechterrollen der fünfziger Jahre propagieren und diese auch noch als schöpfungsbedingt bezeichnen, macht deutlich, wie notwendig es ist, den Kampf der Frauenbewegung und deren Ziele weiter zu vermitteln und zu festigen.
Zwar hat die Frauenbewegung viel erreicht, doch gibt es auch heute noch viele Benachteiligungen. An erster Stelle ist die Differenz der Gehälter zu nennen – Frauen verdienen in Deutschland im Schnitt 23 Prozent weniger als Männer, und doppelt so viele Frauen wie Männer arbeiten im Niedriglohnsektor. Armut ist bei Alleinerziehenden wie auch im Alter weiblich. Zu befürchten ist in Zukunft ein Anwachsen der Armut von Frauen aufgrund ihrer schlechten Stellung auf dem Arbeitsmarkt.
Ein großes Thema ist die Gewalt gegen Frauen geblieben. Gewalt betrifft nicht etwa Randgruppen, sie findet mitten in der Gesellschaft statt. Die neueste Studie des Bundesministeriums für Familien, Frauen, Jugend und Senioren zeigt, dass Gewalt gegen Frauen mit hohem und höchstem Bildungsabschluss in bestimmten Altersgruppen höher ist als bei Frauen ohne Bildungsabschluss. Gleiches gilt für die Täter.

Wir wollen mit dieser Ausstellung junge Frauen erreichen und über die Vermittlung von Zeitgeschichte zum Engagement und zur Weiterentwicklung der Gleichberechtigung von Frauen und Männern auffordern. Ausstellung und Lesebuch sollen einen Anstoß geben, sich auch heute für ein gleichberechtigtes Zusammenleben der Menschen einzusetzen, unabhängig von ihrem Geschlecht, ihrer Herkunft, ihrer Kultur und Religion.
Wir möchten jungen Frauen und Mädchen die Möglichkeit zur Identifikation geben und deutlich machen, dass Frauenrechte Menschenrechte sind, die verteidigt und, wo sie noch nicht umgesetzt sind, erkämpft werden müssen.
Die Frauenbewegung bestand aus vielen Gruppen, die zum Teil unterschiedliche Analysen und Strategien

entwickelten, sich manchmal ablehnten, doch immer wieder Schnittstellen hatten und sich zu gemeinsamen Aktionen fanden. Aus heutiger Sicht kann gesagt werden, dass sich die Gruppen gegenseitig brauchten: Die außerparlamentarische Bewegung war immer auch eine Unterstützung für die Frauen, die in den Parlamenten und Institutionen für Frauenrechte kämpften. Und umgedreht wären viele Forderungen der außerparlamentarischen Bewegung im Sande verlaufen, wenn nicht Frauen den institutionellen Rahmen ausgeschöpft hätten.

Dieses Lesebuch erhebt keinen Anspruch auf Vollständigkeit und gibt persönliche Sichtweisen wieder. Auch die Ausstellung kann nur das Material zeigen, das nicht im Laufe der Zeit aussortiert, sondern auf den Dachböden einzelner Frauen bewahrt wurde. Vor allem das „Archiv Frauenleben im Main-Kinzig-Kreis" war eine wichtige Quelle von Dokumenten.
In der Gruppe zur Erarbeitung der Ausstellung und des Buches haben ehrenamtlich Heidi Bär, Sylvia Daneke, Ruth Defoy, Conny Gramm, Marion Oberesch, Hildegard Waltemate und Ilse Werder mitgewirkt. Ihnen allen herzlichen Dank für ihr Engagement.
Ebenfalls herzlich gedankt sei den Schülerinnen der Video-Gruppe der Eugen-Kaiser-Schule, die unter Anleitung von Bernhard Bauser einen Film mit Interviews der Zeitzeuginnen zur Ausstellung erstellt haben.
Nicht zuletzt gilt Dorle Obländer größter Dank, die die „Frauenporträts" eigens für die Ausstellung angefertigt hat.

Für die finanzielle Unterstützung danken wir Ruth Defoy, der Bürgerstiftung Hanau Stadt und Land sowie dem Main-Kinzig-Kreis.

Viel Spaß beim Lesen!

Imke Meyer
Frauenbeauftragte der Stadt Hanau

Der Muff der fünfziger und sechziger Jahre

Geschlechterverhältnisse in der jungen Bundesrepublik

Imke Meyer

Nach der Befreiung vom Faschismus stand die Gleichberechtigung wieder auf der Agenda selbstbewusster Frauen. Die Nazis hatten alle Rechte, die durch die erste Frauenbewegung erkämpft worden waren, zerschlagen. Sie reduzierten Frauen, wie zuvor die Aufklärer, auf ihre Biologie und zwangen sie wieder an den Herd. Frauen wurden aus öffentlichen Ämtern entlassen und an den Hochschulen quotiert, nur zehn Prozent Studentinnen konnten die Nazis verkraften.

Als Konsequenz aus der Vergangenheit forderte Elisabeth Selbert, eine der vier „Mütter des Grundgesetzes", 1947 im parlamentarischen Rat die Verankerung der Gleichberechtigung im Grundgesetz. Anfangs nur unterstützt von der KPD, gelang es ihr schließlich durch die Mobilisierung Tausender von Frauen, dass dieser Kampf im Sinne der Frauen entschieden wurde. Auch Kolleginnen aus der Stadtverwaltung Hanau haben damals Selbert unterstützt. Erhalten ist auch ein Protestschreiben des Betriebsrates der Dunlop.

Der Kampf um die Verankerung im Grundgesetz (1949) war also gewonnen, aber es dauerte noch fast zehn Jahre, bis die meisten der diskriminierenden Paragrafen aus dem BGB gestrichen wurden. 1958 wurde mit der Verabschiedung des „Gesetzes zur Gleichstellung" der Auftrag des Grundgesetzes zumindest teilweise erfüllt. Bis dahin hatte der Ehemann die totale Verfügung über die Frau. Er konnte ohne Rückfrage den Arbeitsplatz der Ehefrau kündigen, ebenso Verträge, die sie geschlossen hatte. Er verfügte über ihr Geld und das der Kinder, auch wenn es nicht seine leiblichen Kinder waren und sie vom leiblichen Vater Geld geerbt hatten. Der Mann bestimmte den Wohnort, und bis in die siebziger Jahre galt, dass die Frauen nur unter der Bedingung berufstätig sein dürften, dass sie den Haushalt nicht vernachlässigten. Bis in die späten fünfziger Jahre mussten Frauen ihren Ehemann um Erlaubnis bitten, wenn sie den Führerschein machen wollten. Frauenfußball war selbstverständlich verboten! Häusliche Gewalt war Privatsache, auch wenn das gesetzlich verbriefte Züchtigungsrecht des Mannes gegenüber der Frau abgeschafft war.

Und es gab Diskussionen, was unter Gleichberechtigung zu verstehen sei. Der Ordensmann Albert Ziegler legte 1958 eine „schlüssige Definition" vor: Der Mann habe zwar das Recht zu befehlen, zum Ausgleich dafür habe aber die Frau das Recht zu gehorchen. Ziegler wörtlich: „In dieser gegenseitigen Berechtigung ist echt qualitative Gleichberechtigung verwirklicht." (zitiert in Ursula Neumann: „Ohne Jeans und Pille", Stuttgart 1994)

Forderungen nach Berufstätigkeiten von Frauen wurden lauter. Theologen beantworteten sie so, dass Frauen zur Hausfrau verpflichtet werden sollten, schließlich sei der Vorrang der Ehe-, Hausfrau- und Mutterpflichten der Frau „ein Eckpfeiler der christlichen abendländischen Kultur". (Neumann, s.o.)

Eine neue Dynamik erhielt die Diskussion um Bildung und Berufstätigkeit durch den steigenden Fachkräftemangel gerade auch nach dem Mauerbau, der den kontinuierlichen Zustrom ausgebildeter Arbeitskräfte aus der DDR stoppte. Es gab zwar schon seit 1955 einen Anwerbevertrag mit Italien wegen des Arbeitskräftemangels, aber das reichte nicht. Und während andere westeuropäische Länder längst das weibliche Arbeitskräftepotential entdeckten, wurden in Deutschland Eltern, die ihre Töchter aufs Gymnasium schickten, gewarnt: „Am Ende können diese armen Mädchen weder schneidern noch kochen, noch Säuglinge pflegen, geschweige denn erziehen." So Dr. Dr. Sigurd Hild in einem Ratgeber von 1964. (zitiert in Neumann, s.o.) Und ebenfalls 1964 hält Dr. med. Heinz Kirchhoff einen Vortrag zur Eröffnung des Deutschen Ärztetages. Er sagte: „Durch zu früh einsetzende Erwerbstätigkeit ... können reparable, aber auch irreparable Schäden an den Geschlechtsorganen der Frau entstehen." Und er schloss mit den Worten: „Eine Mutter mit Kindern bis zu 15 Jahren gehört nicht in eine außerhäusliche Berufsarbeit; ihre Aufgabe ist es, die Hüterin der Familie zu sein." (zitiert in Neumann, s.o.) Dr. Kirchhoff war 1933 Obertruppführer der SA und wurde unbesehen dieser Vergangenheit in der Bundesrepublik Deutschland mit der Paracelsus-Medaille ausgezeichnet, der

höchsten Auszeichnung der deutschen Ärzteschaft. Das Familienbild mit dem Mann als Alleinernährer und der Frau als Hausfrau war in der Bevölkerung weitgehend akzeptiert. „Meine Frau braucht nicht zu arbeiten", war der stolze Ausspruch eines jeden Mannes, bis in Gewerkschaftskreise hinein. Die nichtberufstätige Hausfrau gehörte sozusagen zum Statussymbol des Mannes. Dieses Familienbild wurde nicht nur von der Kirche, sondern auch vom Staat unterstützt. So war das Ehegattensplitting das finanzielle Schmieröl, das die Frauen in die Hausfrauenrolle zwang, denn es bot dem Alleinernährermodell wesentliche Steuervorteile gegenüber einer Ehe, in der beide Partner ein eigenes Einkommen hatten.
Dieses Ehegattensplitting wurde später von Frauenbeauftragten spöttisch „die staatlich finanzierte Männerbetreuung" genannt, denn der Steuervorteil wird auch kinderlosen Ehepartnern gewährt und trägt immer noch dazu bei, dass Frauen die Hausfrauenrolle übernehmen. Noch heute im Jahr 2011!
Bildung stand Frauen nur im Ausnahmefall zu und

wurde von verächtlichen Sprüchen begleitet: „Wer bis zum zweiten Semester seinen Doktor nicht gefunden hat, muss ihn selbst machen."
Als Kriterium für den Heiratsmarkt war Bildung eher eine Sekundärtugend. Bis Ende der sechziger Jahre war Jungfräulichkeit die Voraussetzung für eine gute Heirat. Seit 1900 gab es im Bürgerlichen Gesetzbuch den § 1300, der die Entschädigungen von „unbescholtenen Verlobten" regelte, die „ihrem Verlobten die Beiwohnung gestattet" hatten und dann doch nicht geheiratet wurden. Aufgrund des Verlustes ihrer Jungfräulichkeit hatten sie geringere Chancen auf dem Heiratsmarkt. Anwendung fand dieser Paragraf in einem Gerichtsverfahren das letzte Mal 1963, offiziell gestrichen wurde er erst 1998.
Die Verkrustung und die hierarchisch autoritären Strukturen der Bundesrepublik, Notstandsgesetze und Vietnamkrieg führten 1968 zur Studentenbewegung.

Dies ist – grob umrissen – der gesellschaftliche Hintergrund, vor dem die neue Frauenbewegung in der Bundesrepublik Deutschland entstand. Studentinnen, die sich im SDS engagierten, stellten schnell fest, dass die „Genossen" zwar die Welt verändern wollten, aber dabei die Überwindung der Geschlechterhierarchie in keiner Weise als ein notwendiges Ziel für eine demokratische Gesellschaft in Betracht zogen. Im Gegenteil: Sie übertrugen die in der Familie erlernte Arbeitsteilung auch auf ihren revolutionären Kampf. Studentinnen sollten Kaffee kochen und die Manuskripte tippen für Flugblätter und Reden. Als Helke Sander, heute Filmemacherin, die Unterdrückung der Frau in einer Versammlung thematisierte, hörte ihr niemand von den Kommilitonen zu. Das war der Auslöser für den legendären Tomatenwurf, der zum Fanal der neuen Frauenbewegung wurde.

Die Frauenrolle in der DDR

In der DDR wurde 1949 die Gleichberechtigung in die Verfassung aufgenommen. Nach dem Krieg drängten Frauen in die Berufstätigkeit. 1950 wurde ein Gesetz erlassen, in dem die volle Gleichberechtigung der Frau festgelegt wurde. Im Unterschied zur Bundesrepublik Deutschland wurde formuliert, dass die Frau durch die Eheschließung nicht an der Berufsausübung gehindert werden dürfe. Technische Berufe standen Frauen offen, allerdings blieb es über Jahrzehnte gleichzeitig ihre Aufgabe, den Haushalt und die Kinder zu versorgen. Auch die Machtzentren waren überwiegend männlich besetzt.

Das Private ist politisch!

Imke Meyer

Unruhe an den Universitäten: Studentinnen und Studenten protestierten gegen den Vietnamkrieg, entwickelten Widerstand gegen die Notstandsgesetze der großen Koalition, gegen den „Muff von tausend Jahren unter den Talaren". Frauen engagierten sich im SDS.

Aber schnell wurde deutlich, dass die männlichen Kommilitonen keinerlei Bereitschaft zeigten, auf die doppelte Benachteiligung der Frauen einzugehen. Die Rollenzuweisung als Hausfrau und Mutter schrieben sie der Privatsphäre zu und deklarierten diese als unpolitischen und damit nicht zu behandelnden Raum.

Frauen wehrten sich, gründeten Weiberräte und den Aktionsrat zur Befreiung der Frau. Sie hörten auf, die Flugblätter zu tippen und den Kaffee für die Sitzungen zu kochen. „Befreit die sozialistischen Eminenzen von ihren bürgerlichen Schwänzen", war eine ihrer öffentlichkeitswirksamen Losungen.

Die entstehende Frauenbewegung verstand sich auch in Abgrenzung zu den traditionellen Frauenverbänden, die ihrer Ansicht nach zu zahm geworden und zu sehr in die patriarchale Gesellschaft integriert waren. Von den Verbänden konnte nach Ansicht der Frauen keine emanzipatorische Entwicklung ausgehen, im Gegenteil, diese transportierten selbst das traditionelle Frauenbild der fünfziger Jahre weiter.

Der zunächst nur universitäre Aufstand der Frauen wurde durch die Kampagne gegen den § 218, nach dem der Abbruch einer Schwangerschaft eine Straftat und demzufolge strafrechtlich zu verfolgen war, zu einer Bewegung. 1971 knüpfte Alice Schwarzer an eine dementsprechende Kampagne aus Frankreich an. „Ich habe abgetrieben", bekannten 374 zum Teil prominente Frauen auf der Titelseite des „stern". Studentinnen, Hausfrauen, Angestellte und Arbeiterinnen schlossen sich an.

In der Auseinandersetzung um Emanzipation und Gleichberechtigung entschieden sich vor allem Gewerkschafterinnen und Parteifrauen für den „Gang durch die Institutionen". Die Autonomen Frauen gingen hingegen von einer strukturellen Unterdrückung der Frau in der Gesellschaft aus. In der Arbeitswelt, in Wissenschaft und Kultur, auch in den entsprechenden Verbänden, Gewerkschaften und Parteien sind die Strukturen männlich geprägt, stellten sie fest. Von daher bekämpften sie die Strukturen an sich, anstatt sich anzupassen und in ihnen zu arbeiten. Denn innerhalb dieser Strukturen sind Frauen immer benachteiligt und manifestieren sie gleichzeitig. Während männlich geprägte Strukturen immer hierarchisch sind, organisieren sich Frauen eher basisdemokratisch mit flachen Hierarchien.

Die Frage der Arbeitsteilung bei der Familienarbeit wurde ein zentrales Thema. Die Zuweisung von Familienarbeit an Frauen bewirkte (und bewirkt auch noch heute) eine Ausgrenzung aus dem öffentlichen Leben und der Arbeitswelt. Gleichzeitig stabilisiert die unbezahlte Hausarbeit das System. Auf diese Weise ist die männliche Arbeitskraft versorgt, kann sich regenerieren und steht dem Arbeitsmarkt uneingeschränkt zur Verfügung. Die unbezahlte Hausarbeit ist deshalb für die Gesellschaft von grundlegender Bedeutung.

Es gab für die Frauen keine freie Entscheidung aufgrund des vorherrschenden Frauenbildes, das bis 1968 Frauen ungebrochen auf die Rolle der Hausfrau und Mutter festlegte. Frauen wurden dadurch entweder abhängig vom Ehemann oder, als Alleinerziehende, von „Vater Staat". Durch diese normierte Arbeitsteilung verfestigte sich eine andauernde Benachteiligung von Frauen. Eine Befreiung der Frau könne gesellschaftlich nur verwirklicht werden, wenn die Frau auch im privaten Bereich befreit würde. Die Aufteilung der Hausarbeit zu gleichen Teilen zwischen Mann und Frau und die gleichberechtigte Erziehungsarbeit war eine Voraussetzung und Ziel für die Emanzipation in einem.

Autonome Frauen analysieren das Geschlechterverhältnis als ein Machtverhältnis aufgrund sexueller Unterdrückung von Frauen. Die Frauenbewegung übernahm den Slogan der amerikanischen Frauenbewegung: „Das Private ist politisch!" Denn die private Unterdrückung der Frauen sei die Voraussetzung für die gesellschaftliche Benachteiligung. Vor allem die

Unterdrückung der weiblichen Sexualität, die nur in Abhängigkeit der männlichen Sexualität existiere, sei ein Mittel zur Stabilisierung eines Machtverhältnisses.
Aus den USA übernahmen die Frauen das Konzept der Selbsterfahrungsgruppen („consciousness raising groups"). Es bildeten sich Selbsterfahrungsgruppen, in denen Frauen über ihre weibliche Identität und ihre Sexualität diskutierten.
Schließlich galt es Abschied zu nehmen von einer zu eng gewordenen Definition von Weiblichkeit. Eine neue Definition von Weiblichkeit musste entwickelt werden, ohne neue Rollenbilder zur Verfügung zu haben. Und es galt, eine von der männlichen unabhängigen weibliche Sexualität zunächst als existent zu benennen und aus der Sprachlosigkeit herauszutreten. Bis dahin wurde eine eigene, weibliche Sexualität negiert.
Frauengruppen stellten fest, dass auch die „sexuelle Revolution" männerzentriert war und zu einer neuen Unterdrückung von Frauen geführt hat. „Wer zweimal mit derselben pennt, gehört schon zum Establishment" war einer der Sprüche aus der studentischen Spontiszene. Die sexuelle Freiheit, die die Pille ermöglichte, wurde zunächst zu einer Freiheit der Männer.
Es waren insbesondere diese Tabu-knackenden Frauengruppen, die ein Dorn im Auge der Gesellschaft und heftigen Angriffen ausgesetzt waren. Auch linke Männer wehrten sich und taten die Selbsterfahrungsgruppen als unpolitische Quatschgruppen ab. Schließlich wurden sie auch als „Unterdrücker im privaten Bereich" ausgemacht, ohne das sein zu wollen.
Obwohl es Männerstammtische gab, Burschenschaften, Clubs, die nur Männer aufnahmen, führten die reinen Frauengruppen zu heftigen Angriffen von Männern (und einigen Frauen). Auch der gemeinsame Kneipenbesuch von Frauen schien eine unerhörte Provokation zu sein.
Es entstand eine weibliche, von Männern unabhängige Kultur. In größeren Städten wurden Frauenbuchläden, Frauenverlage und Frauenkneipen gegründet, eigene Kommunikationsnetze entstanden, Frauenferienhäuser wurden eingerichtet.
Als erste kritische Frauenzeitung kam 1976 „Courage" auf den Markt, gefolgt von Alice Schwarzers „Emma". Frauenliteratur boomte, zentrale Bücher für die Diskussionen waren die umfassende Analyse von Simone de Beauvoirs „Das andere Geschlecht", Verena Stefans „Häutungen", Alice Schwarzers „Der kleine Unterschied", aber auch US-Literatur wie Kate Millets „Sexus und Herrschaft" und Betty Friedans „Der Weiblichkeitswahn". Frauen tauschten sich aus und zogen Stärke aus der gemeinsamen Diskussion.

Paragraf 218 – Frauen wehren sich

Ruth Defoy

„Wir haben abgetrieben", bekannten 374 bundesdeutsche Frauen am 6. Juni 1971 öffentlich im Magazin „stern". Das Bekenntnis – hundert Jahre nach Einführung des § 218 ins Strafgesetzbuch – war eine Provokation.
Alle 374 Frauen hatten Angst, das Tabu zu brechen, Angst vor juristischen Folgen, vor sozialen Konsequenzen und vor privaten Psychodramen, und sie bekannten sich doch.
Neun der 374 hatten vorher schon im Rampenlicht gestanden, sie waren prominente Schauspielerinnen. Die übrigen arbeiteten als Sekretärinnen, Hausfrauen, Studentinnen, als Arbeiterinnen oder Angestellte. Die älteste war 77 Jahre alt, die jüngste 21. Ihre Argumente waren im „stern" zu lesen: „Jährlich treiben in der Bundesrepublik rund eine Million Frauen ab. Hunderte sterben, Zehntausende bleiben krank und steril, weil der Eingriff von Laien vorgenommen wird. Frauen ohne Geld zwingt der Paragraf auf die Küchentische der Kurpfuscher. Er stempelt sie zu Verbrecherinnen und droht ihnen mit Gefängnis bis zu fünf Jahren. Trotzdem treiben Frauen ab – unter erniedrigenden und lebensgefährlichen Umständen."
Gefordert wurde umfassende sexuelle Aufklärung für alle und freien Zugang zu Verhütungsmitteln. Der Coup der „Aktion 218" im „stern" gilt heute als Initialzündung der Zweiten Frauenbewegung. Im ganzen Land wollten Frauen nicht länger schweigen und formierten sich zum Protest.
Auch in Hanau und im Main-Kinzig-Kreis wurde heftig um die Thematik gestritten. Während die Autonomen Frauen die völlige Streichung des Paragrafen aus dem Gesetzbuch forderten, kämpften Frauen aus Gewerkschaften, SPD und DKP für die Reformierung inklusive Fristenlösung und sozialer Indikation.
Hier wie überall gab es Widerstand seitens der katholischen Kirche und der CDU. Bundesweites Aufsehen erregte 1973 eine Unterschriftenaktion von Schwestern des Hanauer St. Vinzenz-Krankenhauses, die ihre Patienten gegen die Reform des § 218 unterschreiben ließen. Der hessische Sozialminister rügte die Aktion als „unzulässige Beeinflussung von Patienten am Krankenbett". Das Pro und Kontra wurde auf vielen verschiedenen politischen Ebenen ausgetragen: Engagierte Hanauerinnen organisierten an Markttagen Informationsstände vor dem Rathaus, aber auch in der Hanauer Stadtverordnetenversammlung und im Kreistag kam es zu heftigen Debatten. So wurde zum Beispiel 1978 auf Antrag und mit der Mehrheit der CDU-Abgeordneten im Kreistag eine „regionale Notlösung" verabschiedet, die betroffenen Frauen einen Zuschuss zu den dringendsten Ausgaben bei der Geburt eines Kindes versprach. Die Opposition reagierte scharf: „Ein paar Almosen aus einem Sonderfond sollen einer Problematik begegnen, die seit Jahrhunderten Frauen bei ungewollter Schwangerschaft in schwere Konflikte stürzt. Konflikte, in die die Verursacher niemals einbezogen wurden, deren Mitverantwortung in der

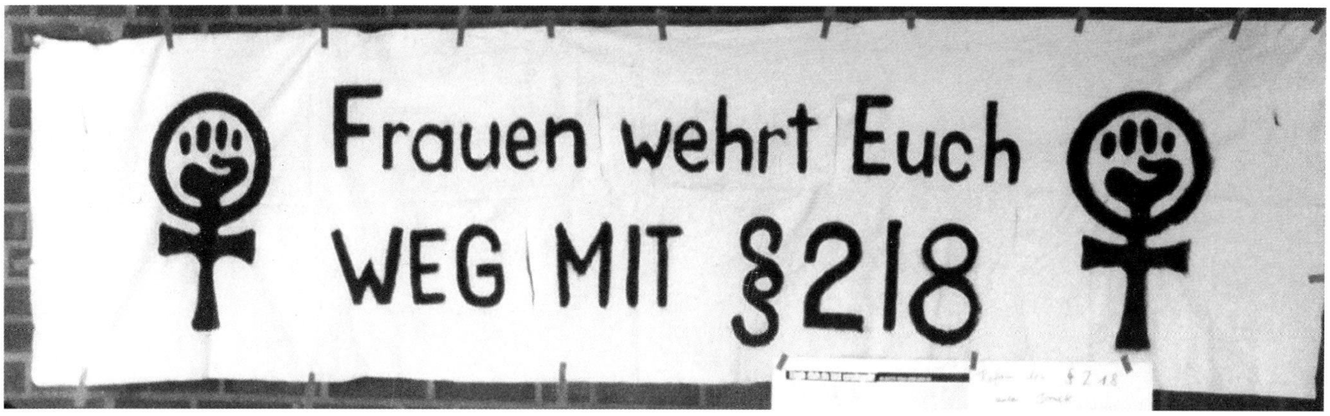

Transparent der Autonomen Frauen aus den siebziger Jahren

jahrzehntelangen Diskussion immer außen vor blieb." Während die regionale SPD und die FDP auf der Seite der protestierenden Frauen standen, gab es von katholischer Seite unaufhörlich starke Proteste. „Immer sind es die Männer in den Kirchen und den christlichen Parteien, die den Frauen sagen, was sie nicht tun dürfen; so sollen die alten Herrschaftsverhältnisse über die Frauen aufrecht erhalten werden", argumentierten die Protestierenden.

1975 wurde im Deutschen Bundestag die sogenannte Fristenlösung abgesegnet, die eine Dreimonatsgrenze für jede Abtreibung und eine Zwangsberatung mit der Schwangeren vor jedem Eingriff festlegte. Die CDU-CSU-Fraktion konterte sofort mit einer Verfassungsklage. Die Kontroversen dauerten bis 1995 an, als das Bundesverfassungsgericht entschied, dass eine Abtreibung bis zur zwölften Woche rechtswidrig, aber straffrei sein solle, wenn sich die Betroffene zuvor einer Beratung unterzogen hatte.

In Hanau und dem näheren Umland hatten die Auseinandersetzungen um den § 218 zu der Zeit massive Formen angenommen. Bei zahlreichen öffentlichen Veranstaltungen, Diskussionen und Demonstrationen forderten Frauen aus den Gewerkschaften, der SPD und unabhängige Frauengruppen („Mein Bauch gehört mir") die Reformierung des Paragrafen.

Die Autonomen Frauen, die für seine völlige Streichung eintraten, waren auch bereit, illegale Wege zu gehen, um betroffenen Frauen zu helfen. In ihrem Hanauer Frauenzentrum, zunächst in der Thomas-Münzer-Straße 2, später in der Jahnstraße, war es möglich an Busfahrten in Abtreibungskliniken nach Holland heranzukommen. Betroffene wurden an das Autonome Frauenzentrum in Frankfurt-Bockenheim vermittelt, das diese Fahrten organisierte und die Frauen dorthin begleitete.

Der hessische Justizminister Karl Hemfler (SPD) stritt in der Hanauer Stadthalle zusammen mit einem Pfarrer, einem Gynäkologen und engagierten Frauen gegen die Argumente der katholischen Kirche und der CDU.

Aktionen und Demonstrationen fanden außer auf dem Hanauer Marktplatz auch in Dörnigheim, Schöneck, Rodenbach, Langenselbold und Neuberg statt.

Während Gegnerinnen und Gegner des geltenden Strafrechts vor allem die individuelle Entscheidung der betroffenen Frau berücksichtigt sahen und Kurpfuscher und Strafrichter aus dieser Entscheidung ausschalten wollten, argumentierten die katholischen Pfarrgemeinderäte in Hanau und Gelnhausen, dass es zwingende Pflicht eines Rechtsstaates sei, für jedermann und auch für das wenige Tage alte ungeborene Leben das Lebensrecht zu verteidigen. Die geforderte soziale Indikation könne abgelöst werden durch eine richtige Sozialpolitik.

Die Pfarrgemeinderäte ließen von dreihundert freiwilligen Helfern ihre in einer Flugschrift (in einer Auflage von 150 000 Stück) zusammmengefassten Argumente verteilen. Gleichzeitig verschärften private katholische Organisationen durch grausame Druckschriften mit blutigen Bildern die Diskussion.

1989 startete der „stern" noch einmal eine Aktion, diesmal mit der Forderung: „Schafft den Abtreibungsparagraphen ab!" Die Kampagne war eine Reaktion auf den Memminger Prozess, in dem sich der Frauenarzt Dr. Horst Theissen wegen illegaler Abtreibungen verantworten musste, und in dessen Folge seine Patientinnen bundesweit in die Öffentlichkeit gezerrt und kriminalisiert wurden. Noch einmal bekannten mehr als tausend Frauen im „stern", dass sie abgetrieben hatten. 429 Männer gaben bekannt, dass sie an einer Abtreibung beteiligt waren, und 283 Ärzte und Ärztinnen protestierten gegen den § 218. Eine von ihnen – und mit Foto im „stern" abgebildet – war die Hanauer Ärztin Annette Schulmerich.

Zu erneuter Kritik kam es, als der Fuldaer Erzbischof Johannes Dyba am 28. Dezember 1989 ein alljährliches Glockenläuten für die ungeborenen Kinder einführte. Später entzog die Deutsche Bischofskonferenz den katholischen Beratungsstellen generell die Erlaubnis, die vom Gesetzgeber geforderten Beratungsscheine auszustellen, die Dyba als „Tötungslizenzen" diskreditiert hatte.

2005 war es dann noch einmal – oder schon wieder – das katholische St. Vinzenz-Krankenhaus in Hanau, das für Schlagzeilen sorgte. In einem Vertrag, der eine enge Zusammenarbeit zwischen den Städtischen Kliniken und dem St. Vinzenz-Krankenhaus regeln sollte, befand sich die verbindliche Festlegung, dass – entsprechend der katholischen Morallehre – auch in den Städtischen Kliniken keine legalen Abtreibungen mehr vorgenommen werden dürften. Der FDP-Abgeordnete Dr. Ralf Piesold hatte die Klausel im Vertragsentwurf entdeckt und sie öffentlich gemacht. Bigi Schlich-Heinze von der Beratungsstelle pro familia organisierte daraufhin den Widerstand der Frauen. Der Sturm der Empörung fegte den Vertragsentwurf vom Tisch. Die Kooperation der Häuser wurde damit verhindert, Abbrüche bis hin zu künstlicher Befruchtung in den Städtischen Kliniken gesichert.

Demonstration zum 8. März 1995 in der Hanauer Hammerstraße

Frauen helfen Frauen – gegen riesige Widerstände

Ilse Werder

Aus der Sicht des Jahres 2011 ist es unfassbar, mit welchen Hürden, Widerständen und Diffamierungen jene 28 Frauen zu kämpfen hatten, die im November 1977 im Frauentreff der Arbeitsgemeinschaft sozialdemokratischer Frauen (AsF) Alfred-Delp-Straße den Verein „Frauen helfen Frauen – Hilfe zur Selbsthilfe" gründeten.

Hier wagten Frauen einen Tabubruch: Endlich sollten Frauen und Kinder nicht mehr roher Gewalt, Schlägen und Verletzungen durch männliche Partner und Väter ausgesetzt sein, sie sollten Zuflucht und Hilfe erhalten, und endlich sollte öffentlich über das bisher Vertuschte gesprochen werden. Ziel war die Schaffung einer Zufluchtsstätte, in der Frauen und Kinder vor erneuter Gewalt sicher waren.

Auf Initiative der AsF fanden sich also 28 entschlossene Hanauerinnen, die Abhilfe schaffen wollten. Schon Monate vorher hatte eine kleine Gruppe den gemeinsamen Schritt vorbereitet, um alle formalen und inhaltlichen Voraussetzungen für eine Vereinsgründung und eine juristisch nicht angreifbare Satzung zu schaffen.

Eingeladen hatte die AsF außer eigenen Mitgliedern Frauen aus den Gewerkschaften, aus den Kirchen, aus Parteien und die Autonome Frauengruppe.

Eine vierteilige Serie, in der mehrere aktuelle, sehr dramatische Fälle männlicher Gewalt in Hanau geschildert wurden, ging in der Hanauer Ausgabe der „Frankfurter Rundschau" voraus und durchbrach erstmals die Mauer des Verschweigens und Vertuschens auf lokaler Ebene. Diese Serie wirbelte Staub auf, sie wurde von einer Reportage ergänzt, die einen Polizeieinsatz gegen einen gewalttätigen Ehemann aus erster Hand schilderte.

So vorbereitet, setzte gleich nach der Vereinsgründung eine öffentliche Kampagne zur Aufklärung betroffener Frauen ein. Der überall verbreitete Aufkleber mit dem Slogan „Schrei laut" und ein erstes Angebot zu Beratungsstunden und Notaufnahmen von Betroffenen in Privathaushalten waren die nächsten Schritte. Die Anrufe von Hilfe suchenden Frauen häuften sich.

Parteienvertreter, Abgeordnete, Kirchenleute, Gewerkschafter und leitende Polizeibeamte wurden zu Informationsveranstaltungen geladen, so dass bald viele weitere Vereinsmitglieder geworben werden konnten. Innerhalb weniger Monate zählte der neue Verein zweihundert Mitglieder. Nun begann der mühselige Kampf um ein Zufluchtshaus und um offizielle Unterstützung durch die Stadt Hanau, den Main-Kinzig-Kreis und das Sozialministerium.

Ihre Reaktionen wechselten zwischen Verständnis und Unverständnis, Hinhaltetaktik und halbherzigen Versprechungen. Die Frauen, die Frauen helfen wollten, sahen sich mehrfach offener Verhöhnung und Beschimpfungen durch verantwortliche CDU-Politiker ausgesetzt.

Nach drei Jahren offener Auseinandersetzungen bot die Stadt Hanau den Frauen ein seit langem unbewohntes, völlig verkommenes Haus in der Friedrich-Ebert-Anlage an, das in wochenlangem ehrenamtlichen Einsatz von Wasserschäden, Schmutz und den Hinterlassenschaften vieler illegaler Bewohner und wilder Katzen gereinigt wurde.

Dass die Stadt dem Verein „Frauen helfen Frauen" eine dermaßen verkommene Ruine anbot, sahen die Initiatorinnen als sehr spezielles Zeichen an.

Die Ersteinrichtung erfolgte mit Möbel-, Wäsche- und Geschirrspenden aus dem Kreis der Unterstützer. Die damalige Staatsministerin Dr. Vera Rüdiger spendete 4800 Mark für die ersten Betten. Spenden kamen auch aus Nidderau, Bruchköbel, Maintal, Langenselbold und aus Steinau. Und nach einiger Überzeugungsarbeit fanden sich die Städte Hanau, Maintal, Nidderau, Langenselbold, der Main-Kinzig-Kreis und in bescheidenem Umfang das Hessische Sozialministerium zu Zuschüssen bereit.

Nach Überwindung dieser Hürden gab es mehrfach Meinungsverschiedenheiten zwischen der Mehrheit der Initiatorinnen und einiger aktiver Frauen aus der Autonomen Frauengruppe, die auch zu Austritten und Resignation bei von Anfang an mitwirkenden Frauen führten. Als das Haus endlich eröffnet werden konnte und sehr qualifizierte Mitarbeiterinnen gefunden waren, zog sich eine Anzahl Mitglieder aus der aktiven Mitarbeit zurück.

Erstes Plakat des Vereins „Frauen helfen Frauen", 1977

Das Haus in der Friedrich-Ebert-Anlage erwarb sich als Zufluchtsstätte einen guten Ruf, war immer voll „ausgebucht", erwies sich aber auf Dauer als doch nicht besonders gut geeignet. Nach einigen Jahren gab es Bestrebungen, eine neue Bleibe zu suchen, die zwischen Verein und Stadt nicht immer fair geführt wurden. Schließlich fand sich ein gut geeignetes Haus in der Innenstadt, das sich bis heute bewährt hat und gut geführt ist und in dem die Kinderbetreuung weiter optimiert werden konnte.

Aus der täglichen Praxis ergab sich, dass auch Hilfen für missbrauchte Kinder und Jugendliche notwendig waren. Aus dem Verein „Frauen helfen Frauen" wurde deshalb 1991 der Verein „Lawine" gegründet, der inzwischen selbständig arbeitet und sich gleichfalls als notwendig und im wörtlichen Sinne als hilfreich erwiesen hat.

1993 wurde wegen des großen Bedarfs im östlichen Main-Kinzig-Kreis das Frauenhaus Wächtersbach gegründet, das gleichfalls voll frequentiert ist. Tatsächlich haben sich auf vielen Ebenen die Hilfsangebote bedeutend verbessert, und es gibt uneingeschränkte Unterstützung durch Polizei, Gerichte und Kommunen; vor allem aber durch eine Fülle von Aktionen und die lebhafte Spendenbereitschaft in der Bevölkerung und bei heimischen Firmen und Organisationen. Eine Welle von Hilfe und Solidarität aus der Stadt Hanau und dem gesamten Main-Kinzig-Kreis sichert den beiden Zufluchtshäusern das Überleben. Das ist um so notwendiger, seit die Hessische Landesregierung die gesamten Personalkosten für das Hanauer Haus (wie auch für viele andere soziale Einrichtungen in Hessen) in Höhe von 90 000 Euro jährlich gestrichen hat.

Die große Unterstützungsbereitschaft in der Bevölkerung zeigt, dass der Solidaritätsgedanke der Gründerinnen angekommen ist. Nur von entscheidenden Fortschritten bei gewalttätigen Männern kann immer noch keine Rede sein. Die Zahl der Gewalttaten hat seit der Gründung des Vereins „Frauen helfen Frauen" nicht abgenommen. Bewusstseinswandel bei den Tätern und die institutionelle Absicherung der Frauenhäuser auf Dauer bleiben deshalb eine Zukunftsaufgabe.

Hanau feiert den Internationalen Frauentag

Ilse Werder

Hundert Jahre nachdem 1910 in Kopenhagen durch Frauen aus allen europäischen Ländern beschlossen worden war, von nun an einen Internationalen Frauentag zu feiern, wird dieses Jubiläum in der Welt und auch in Hanau gebührend begangen.

Die erste Frauenkonferenz in Dänemark – ein Markstein in der Geschichte der Frauenbewegung – hatte zum Hauptziel, gemeinsam in ganz Europa für das Frauenwahlrecht und die Gleichberechtigung beider Geschlechter einzutreten. Es waren Frauen aus der Sozialdemokratie, die hier erstmals in der Geschichte internationale Frauensolidarität einübten.

Genau ein Jahr später wurde der erste Frauentag im März 1911 in Berlin unter dem Motto „Her mit dem Frauenwahlrecht" begangen. Es beteiligten sich bei den Veranstaltungen, die in mehreren Stadtteilen stattfanden, insgesamt 45 000 Frauen, für die damalige Zeit eine ungeheure Zahl. Auch Frauen aus der bürgerlichen Frauenbewegung jener Jahre feierten den ersten Frauentag mit – die Verblüffung in der Öffentlichkeit war außerordentlich. Die Polizei, die schnell wieder die gewohnte „Ordnung" herstellen wollte, verhaftete zwar eine Demonstrantin, war aber der Menge der entschlossenen Frauen nicht gewachsen. Berlin war „aus dem Häuschen".

In Hanau wurde der Frauentag jahrelang nur von Frauen in der SPD, ab den zwanziger Jahren auch in der USPD und der KPD gefeiert. Als die Nationalsozialisten mit der Machtübernahme 1933 alle demokratischen Organisationen verboten, bekamen auch die Frauen wieder rückwärtsgewandte Rollen zugewiesen.

Nach dem Zweiten Weltkrieg, als langsam wieder demokratische Parteien zugelassen waren, begannen einige sozialistische Organisationen damit, an den Frauentag zu erinnern. Die SPD organisierte in den fünfziger Jahren sogar einige landesweite Großveranstaltungen, die allerdings überwiegend von Männern in Führungsrollen organisiert und von ihnen inhaltlich bestimmt waren. Grundlegende Veränderungen im Hinblick auf Frauenrechte kamen kaum zur Sprache.

Erst in den siebziger Jahren, als Folge der 68-Aufbruchstimmung, begannen Frauen im ganzen Land – auch in Hanau – nach ihrer Geschichte und ihrer Rolle in der Gesellschaft zu fragen und sich an den Internationalen Frauentag zu erinnern.

Im neu eingerichteten Frauentreff der AsF in der Alfred-Delp-Straße wurde am 8. März 1978 wieder der erste Frauentag mit einer Lesung und einer Diskussion über notwendige Veränderungen gefeiert, ausschließlich von Frauen organisiert und bestimmt. Eingeladen waren auch Gewerkschafterinnen und nicht organisierte Frauen. Die Frauen in der DKP feierten ebenfalls den Frauentag.

Ein Jahr später fand eine erste gemeinsame Veranstaltung Hanauer Frauen statt, zu der auch die Autonome Frauengruppe geladen war. Ins „Haus der Jugend" und 1980 in die Reinhardskirche kamen aus diesem Anlass Hunderte Frauen. Bei Musik, Vorträgen, Sketchen, Brot und Wein feierten alle Gruppen gemeinsam. Später scheiterte die Gemeinsamkeit an der Frage, ob zum Frauentag auch Männer kommen dürften. Dazu sagten die Autonomen Frauen strikt nein. Also feierten die Frauen aus der SPD, die Gewerkschafterinnen, nicht organisierte Frauen und einige wenige Männer, die das Anliegen der Frauen unterstützen wollten, ohne sie.

Die neuen, selbst organisierten Aktivitäten der Frauen, verbunden mit energischen Forderungen nach gleichem Lohn, gleichen Rechten und der Abschaffung des § 218, wurden von den führenden Mannschaften in der SPD und dem DGB anfänglich mit reichlich Unmut und Einschränkungsversuchen bedacht. Mit „entschiedenem Ungehorsam", so die Formulierung, gingen aber die aktiven Frauen ihren eigenen Weg. Aus der ganzen Bundesrepublik hatte etwa der DGB-Bundesvorstand Druck von weiblichen Mitgliedern bekommen, die sich „Reglementierung durch männlich Bedenkenträger" verbaten. Die männlichen Vorstände fürchteten einen parteipolitisch geprägten Gedenktag, wie er in den sozialistischen Ländern gefeiert wurde.

8. März 1980
70 Jahre Internationaler Tag der Frau

'estival for Women on March,8th 'o Years of International Women s Day ıt Haus der Jugend, entry: 20.oo,Admittance: free	Manifestacio de la Mujèr el Dia 8 de Marzo 7o Aniversario internacional del Dia de la Mujer en "Casa de la Juventud" a las 2o.oo Horas, Entrada libre
'esta delle donne l'8.marzo .a 7o anni giorno internazionale della donna laus der Jugend, dalle ore 2o.oo, entrata libera	8 Mart'ta Kadinlar eğlences: Internasyonal kadinlar gününün 7o ci senesi Haus der Jugend, Saat 2o.oo den sonra,giriş ücretsizdir.

Frauenfest

Haus der Jugend

Pfarrer-Hufnagelstraße,
Kesselstadt,Eintritt frei

ab 20 Uhr

♀ ♀

Arbeitsgemeinschaft Sozialdemokratatische Frauen (AsF)
Demokratische Haueninitiative Hanau (DFI)
Frauen helfen Frauen e.V. (Frauenhausinitiative)
Frauengruppe Großauheim
Frauengruppe der Kesselstädter Spielstube
Frauentreff Bruchköbel
Frauenzentrum Hanau

Die Frauen in der IG Metall weigerten sich, Anweisungen des Bundesvorstands „demütig hinzunehmen" und erklärten: „Wir sind die Bevormundung durch männlich geprägte Vorstände leid." Der 8. März sei und bleibe der Kampftag der Frauen, für Frieden und Gleichberechtigung, für gleichen Lohn, für gleiche Arbeit und für das Recht auf Ausbildung und Arbeit.

Per Handzettel wurden die Frauen in und um Hanau eingeladen. Frauen aller Altersstufen und verschiedenster Nationen kamen mit Blumen, Kuchen, Salaten und eigenen Festbeiträgen. „Dies ist ein historisches Ereignis, das hat es in dieser Region noch nicht gegeben", erklärte eine Festrednerin.

Wegen der immer größer werdenden Teilnehmerzahl wurde ab 1982 beschlossen, im Nachbarschaftshaus Tümpelgarten zu feiern. Die Gewerkschafterinnen übernahmen mehr und mehr die Organisation, auch die Verköstigung der vielen Besucherinnen, zu denen auch viele türkische Frauen mit Mann und Kindern gehörten. Wären Männer und Kinder nicht zugelassen worden, hätten diese Familien nie etwas vom Frauentag erfahren. Mehrere Hanauer Frauengruppen kamen mit ihren durchweg politischen Beiträgen zum Zug, auch prominente Frauen aus der Politik und den Gewerkschaften konnten als Referentinnen gewonnen werden, etwa die Europa-Abgeordnete Dr. Katharina Focke, die Landtagsabgeordnete Dr. Heide Streletz, DGB-Landessekretärin Gisela Schade, Wissenschaftsministerin Dr. Vera Rüdiger und viele andere. Immer wieder wurde auch die gleichgewichtige Verteilung der Familienaufgaben thematisiert. Unter der Anleitung von Magda Block freuten sich die Teilnehmerinnen bei internationalen Folklore-Tänzen ihrer neuen Gemeinsamkeit. Auch türkische Tanzgruppen traten in hinreißenden orientalischen Gewändern auf, und es gab freches politisches Kabarett.

Immer wieder wurde auf vielfache Weise die Solidarität unter allen Frauen angesprochen, und viele fühlten sich diesem Ziel sehr nahe.

Unter dem Motto „Gegen Arbeitslosigkeit, für Gleichberechtigung und Frieden" zogen am 8. März 1985 über zweihundert Frauen aus den Gewerkschaften, der SPD, der DKP und Parteilose in einer Demonstration durch die Hanauer Innenstadt, um ihre Forderungen öffentlich zu machen. Sepp Sigulla, der DGB-Kreisvorsitzende, der über viele Jahre mit Vehemenz die Anliegen der Frauen gefördert hatte, marschierte mit.

Zu einem weiteren Frauenfest luden die Gewerkschafterinnen zusammen mit anderen Frauengruppen in die Alte Johanniskirche ein. Motto: „Die Frauen sind nicht die Bittstellerinnen dieser Gesellschaft, sie wenden sich mit gutem Recht gegen Unternehmerwillkür, Sozialabbau, Frauen in der Bundeswehr und Frauen in Niedriglohnstellen." Schließlich verlangten die Frauen vehement die 35-Stunden-Woche. Eine weitere Forderung der Frauen waren Abrüstungsgespräche ohne Vorbedingungen und eine „atomwaffenfreie Zone". Verschiedene Frauengruppen verlangten anschließend in ihren Beiträgen grundlegende Änderungen in der Frauenpolitik und stellten auch in Sketchen die aktuelle Situation der Frauen dar.

Nach dem Ausscheiden der Autonomen Frauengruppe beteiligten sich in den achtziger Jahren an den Veranstaltungen zum Internationalen Frauentag der DGB-Frauenausschuss, die Frauenausschüsse der IG Metall, der HBV, die Frauen in der SPD, die Demokratische Fraueninitiative, die iaf – Verband binationaler Partnerschaften, die chilenischen Frauen in Hanau und der Verein der Arbeiter aus der Türkei. Ein Novum: Erstmals übernahmen die anwesenden Männer in Nebenräumen die Betreuung der Kinder. „Männer dürfen zu unserem Frauentag in Hanau kommen, diese Entscheidung ist nach langem Ringen mit der Autonomen Frauengruppe gefallen", erklärte Helga Seipel-Schneider vom DGB-Frauenausschuss. „Wir laden sie nicht ein, aber wenn sie da sind und mit uns feiern wollen, sind sie eben da. Der Weg zu einer humanen Gesellschaft kann nicht an den Männern vorbei führen."

Trotzdem kamen die Männer nicht ungeschoren weg: „Was ist dies für eine Welt, die die Männer gemacht haben", fragte eine Frau auf der Bühne. „Es wird Zeit,

Einladung zum Internationalen Frauentag 1988, Solidarität mit Frauen in Südafrika (Detail)

dass wir wieder gerade richten, was Ihr verbogen habt!" Die HBV-Frauensekretärin Doris Fülberth nannte als Ziel des gemeinsamen Kampfes „eine humane, gleichberechtigte Gesellschaft, in der jeder Mensch, ob Frau, ob Mann, gleiche Bildungs- und Arbeitschancen hat".

Der Frauentag 1988 widmete sich der Unterstützung südafrikanischer schwarzer Hausangestellter, die ein Sklavendasein führten, und ihrer jungen Gewerkschaft. Die Frauen sammelten 1000 Mark für das Südafrika-Projekt des DGB, das dieser weiter aufstocken sollte. Frauensekretärin Doris Wege forderte die Streichung des § 218 und einen Wirtschaftsboykott gegenüber Südafrika. Die stellvertretende Präsidentin der Bundesanstalt für Arbeit, Dr. Ursula Engelen-Kefer, hielt ein kämpferisches Referat zur Situation der Frauen in der Arbeitswelt.

Zum Internationalen Frauentag 1989 fuhren die Hanauer Frauen mit Bussen nach Schlüchtern, um mit den dortigen demonstrierenden Frauen durch die Innenstadt zu ziehen und anschließend bei der Eröffnung der Ausstellung „100 Jahre Frauenleben rund um das Kinzigtal" dabei zu sein. Der Hessische Rundfunk brachte eine ausführliche Reportage.

Am 8. März 1990 zogen junge und ältere Frauen mit Spruchbändern, Trillerpfeifen, Trommeln und Rasseln zum Hanauer Marktplatz, um dort an vielen Info-Ständen gegen sexuelle Gewalt, frauenfeindliche Stadträume und den Schleierzwang im Iran zu informieren und zu protestieren. Eine bandagierte Puppe wies auf den Pflegenotstand in den Krankenhäusern hin. Unter dem Motto „Das bisschen Putzen" entlarvten die Frauen die schlechten Arbeitsbedingungen der Reinigungsfrauen. Erzieherinnen wiesen auf Missstände in ihrem Arbeitsalltag hin. Rund dreihundert Frauen und einige Männer versammelten sich daraufhin zu einer spontanen Protestaktion unter dem Motto „Die Kindertagesstätten in der Krise". „Wir erziehen die Generation von morgen unter den Bedingungen der von gestern", hieß es. Gleichzeitig waren an vielen Stellen der Stadt rosafarbene Plakate aufgehängt, wie sie sonst zur Schonung von Grünanlagen aufforderten. Auf diesen Plakaten wurde dazu aufgerufen, Männergewalt zu thematisieren, „damit sich etwas ändern kann."

Weitere Veranstaltungen zum Internationalen Frauentag fanden in jenen Jahren in Maintal, Schöneck, Nidderau, Bruchköbel, Langenselbold, Gelnhausen, Bad Orb und Schlüchtern statt. In diesen Städten gab es rund zwanzig Jahre lang aktive Frauengruppen, in Gelnhausen außerdem ein Frauenzentrum mit zahlreichen Weiterbildungsangeboten.

Frauen in der SPD machen Dampf

Ilse Werder

Unter dem Motto „Politik ist Frauensache" begannen 1969 in Hanau und Dörnigheim einzelne Frauen in der SPD über ihre gewohnte Rolle der fleißigen Zuarbeiterin für ihre männlichen Parteifreunde nachzudenken und Politik als eigenständige Aufgabe gerade für Frauen zu begreifen. Angesichts eines langen Katalogs unerledigter, mitunter haarsträubender Ungerechtigkeiten gegenüber der weiblichen Bevölkerung wollten sie sich energisch einmischen und ihre Vorstellungen und Forderungen selbst vertreten.

Nicht zuletzt unter dem Eindruck der aufregenden Nachrichten aus dem nahen Frankfurt über die sich abzeichnende neue Frauenbewegung fassten diese Frauen Mut zur Eigeninitiative.

In Dörnigheim und Hanau fanden die ersten Auseinandersetzungen um den § 218 und das Selbstverständnis politisch engagierter Frauen statt. In Bergen-Enkheim, damals noch zum Landkreis Hanau gehörend, trafen sich über vierzig Frauen in der SPD zu kritischer Analyse.

Ilse Busch, die erste weibliche Stadträtin in Hanau (1964!) und spätere Landtagsabgeordnete, war dabei. Sie wurde zu dieser Zeit Vorsitzende der Frauenarbeitsgemeinschaft Hessen-Süd.

In Hanau wurden die aktiven Frauen schnell mehr, zunächst waren es kleinere, dann bald größere Gruppen, die in der SPD wie in der Öffentlichkeit wahrgenommen wurden.

Die Hanauer Frauen wollten durch eine große Aktion auf sich aufmerksam machen und dabei die Bestrebungen zum Bau eines Albert-Schweitzer-Kinderdorfes unterstützen. Jeweils zu – dem in einer eigenen Broschüre sehr kritisch beleuchteten – Muttertag brachten sie ab 1970 mehrfach die ersten Flohmärkte nach Hanau, die damals noch mit riesigem, wertvollem Angebot vor dem Schloss Philippsruhe stattfanden. Sie konnten schließlich insgesamt 28 000 Mark für eine ganz neue Form des Umgangs mit hilfebedürftigen Kindern einwerben. Damals waren gerade die ersten großen Skandale in Kinderheimen alten Stils bekannt geworden.

Die kritische Betrachtung des Muttertags und der Zeitpunkt des Flohmarktes lösten eine Kontroverse mit einem katholischen Frauenverband in Hanau aus.

Ein brennendes Thema blieb über Jahre die Reform des § 218. Auf energische Ansprache hin konnten die Frauen den Bundestagsabgeordneten Gerhard Flämig und weitere führende Männer in der SPD als Unterstützer für Gesetzesänderungen gewinnen. Die Auseinandersetzungen mit den Reformgegnern, die vielen Aktionen, Podiumsdiskussionen und Demonstrationen, oft zusammen mit den Gewerkschaftsfrauen waren bis in die achtziger Jahre neben der Weiterbildung ein Hauptthema der politischen Arbeit.

Die Frauen griffen bei Konferenzen und Parteitagen immer wieder die Benachteiligung von Frauen auf dem Arbeitsmarkt auf, die geringeren Bildungschancen für Mädchen und die unzureichende Vertretung von Frauen in den Parlamenten und den Führungspositionen in Wirtschaft und Verwaltung. Ihre Anträge bei SPD-Parteitagen übertrafen zahlenmäßig alle anderen. Da ging es auch um eine bessere psychiatrische Versorgung in der Region, um Aktivitäten für Behinderte, um entschiedenere Friedenspolitik, Ganztagsschulen und politische Bildung. Das Motto „Politik ist Frauensache" wurde ergänzt durch die häufig wiederholte Versicherung „Gemeinsam sind wir stark".

All die neu einsetzenden Aktivitäten riefen zunächst Erstaunen und Verwunderung bei den Männern in der Partei hervor, mitunter auch Widerstand und bei einigen auch große Besorgnis. In einem Flyer der SPD-Frauen an die SPD-Männer, verteilt bei einem Main-Kinzig-Parteitag 1976 an jeden einzelnen Delegierten, forderten die Frauen, die inzwischen in 16 Städten und Gemeinden des Main-Kinzig-Kreises eigene Arbeitsgemeinschaften gegründet hatten, dass die Genossen auch ihren eigenen Frauen und Töchtern mehr politische und gesellschaftliche Weiterbildung zugestehen, dass sie sich an Hausarbeit und Kindererziehung beteiligen und dass sie vor allem mehr Frauen

in die verantwortlichen Gremien wählen sollten. 1300 Frauen im Unterbezirk Main-Kinzig in der SPD und zehntausend Gewerkschafterinnen, die regelmäßig zusammenarbeiten, könnten eine Menge bewegen.
Gefordert wurde bereits Mitte der siebziger Jahre ein Sechsstundentag für Männer und Frauen, damit für beide ausreichend Zeit für Familie und gesellschaftliches Engagement bliebe. Nun, offene Reaktionen blieben zunächst aus, vor emanzipierten, selbständig denkenden und handelnden Frauen war doch manchem bange.
Die Männer stimmten aber zu, als ein Frauen-Antrag auf die Tagesordnung kam, einen eigenen Parteitag nur zu Frauenfragen zu veranstalten. Weiter kamen jene Frauen-Anträge durch, in den öffentlichen Verwaltungen sofort die Entlassung der eigenen Reinigungsfrauen zugunsten von Fremdfirmen einzustellen, die Öffnungszeiten in den Kindergärten den Bedürfnissen der berufstätigen Frauen anzupassen und ein eigenes kulturpolitisches Konzept zu erarbeiten. Auch die friedenspolitischen Anträge der Frauen wurden unterstützt. Die seinerzeit noch sehr munteren Jungsozialisten – Männer und Frauen – unterstützten durchweg die Anliegen der AsF.

Mehr und mehr kamen nun auch Frauen in die Kommunalparlamente und in den Kreistag. In zahlreichen Wochenendseminaren, Arbeitskreisen und bei landesweiten Konferenzen suchten die SPD-Frauen aus dem Main-Kinzig-Kreis ihrem Anspruch auf immer gründlichere Information gerecht zu werden. Die Themen Familienpolitik, Familienrecht, gleiche Rechte für Männer und Frauen entsprechend dem Gebot des Grundgesetzes spielten dabei eine Hauptrolle. Daneben informierten sich die Frauen anhand ihrer selbst aufgebauten Bibliothek über August Bebels Klassiker „Die Frau und der Sozialismus“, in dem schon früh die wirtschaftliche Abhängigkeit der Frau als Ursache ihrer desolaten Lage dargestellt ist.
„Es hat noch alles erstritten werden müssen“, wurde immer wieder festgestellt und auch die vielen Ursachen benannt, die Frauen an politischem Engagement hindern.

Sonntagsausflug der SPD-Frauen in den Vogelsberg

„Männer müssen lernen, sich an den familiären und häuslichen Aufgaben zu beteiligen, Frauen müssen lernen, ihre Passivität zu überwinden“, hieß es immer wieder. Alice Schwarzers „Der kleine Unterschied“ war ebenso Thema wie die Einrichtung von Frauenbüros in den kommunalen Verwaltungen. Mädchen in sogenannten Männerberufen, die Anerkennung von Erziehungszeiten in der Rente sowie der Kampf gegen Gewalt in der Ehe waren immer wieder wichtige Punkte für Diskussionen und Anträge.
Ein Höhepunkt der AsF-Arbeit im Main-Kinzig-Kreis war 1978 ein Abend mit Professor Horst-Eberhard Richter in der Hanauer Stadthalle, bei dem einige hundert Besucher und Besucherinnen mit ihm das Thema „Die Isolation des Einzelnen in der Gesellschaft“ diskutierten.

Die Frauen in der SPD Main-Kinzig positionierten sich eindeutig gegen Atommeiler und den Nato-Doppelbeschluss und beteiligten sich an Gegendemonstrationen.

Was hier beispielhaft mit kargen Worten an Engagement geschildert wurde, ist nur ein Auszug aus einer Fülle von Frauen-Aktivitäten innerhalb der SPD Main-Kinzig in den Jahren 1969 bis 1990. Einiges wurde erreicht. Vieles blieb in Gremien hängen oder scheiterte am geringeren Engagement der nachfolgenden Generation.

Die Demokratische Fraueninitiative in Hanau

Ruth Defoy und Imke Meyer

Auch in Hanau gründete sich Ende der siebziger Jahre eine Demokratische Fraueninitiative (DFI). Hier trafen sich vor allem linke Gewerkschafterinnen, Frauen aus der antifaschistischen und der Friedensbewegung, und Frauen, die der DKP nahe standen. Auslöser für die Gründung einer DFI in Hanau waren die Bestrebungen, dass für Frauen in der Bundeswehr nicht nur die Arbeit im Sanitätsbereich, sondern auch der „Dienst an der Waffe" ermöglicht werden sollte. Die DFI trat insgesamt für Abrüstung ein und lehnte „Frauen in die Bundeswehr" ab.

DFI-Frauen trafen sich privat, abwechselnd und fast immer bei Frauen, die ein kleines Baby hatten und ans Haus gebunden waren. Manchmal wurde es eng im Wohnzimmer, wenn begeistert diskutiert wurde über Bereiche, die bislang kein Thema waren: die eigene Situation, die Rolle als Frau und Mutter, lesbische Erfahrungen, gesellschaftliche Erwartungen und eigene Wünsche. Die Frauen diskutierten über die gesellschaftlichen Verhältnisse, die Benachteiligung der Frauen in der Arbeitswelt. Es wurden Klassiker wie Karl Marx gelesen. Simone de Beauvoirs „Das andere Geschlecht" war eines der wichtigsten Bücher. Als Frau wird man nicht geboren, sondern dazu gemacht – eine Erkenntnis, die heute geradezu selbstverständlich ist, aber damals die Gemüter bewegte. In der DFI wurde die Rolle der Frau und ihre Funktion im kapitalistischen System beleuchtet: Frauen als industrielle Reservearmee, die in Konjunkturzeiten in die Unternehmen geholt, in Krisenzeiten wieder an den Herd geschickt wird, gleichzeitig unentlohnt die Reproduktion sichert und auf diese Weise die Kosten für die Reproduktion gering hält.

So kamen die DFI-Frauen zu dem Schluss, dass zwar die Situation der Frauen unter dem kapitalistischen System verbessert, aber nicht grundsätzlich geändert werden könnte. Die endgültige Befreiung der Frau sei erst in der Überwindung des Kapitalismus möglich. Aber mit der Parole „Wir wollen alles und zwar sofort!" machten sie auch ihren Genossen deutlich, dass sie weder bis zum Sanktnimmerleinstag noch bis zur Lösung des Nebenwiderspruchs in einer sozialistischen Gesellschaft warten wollten. Die DFI entwickelte witzige Aktionen und war eine der Organisationen, die in der außerparlamentarischen Bewegung Bündnisse zusammenschob und zu großen und zentralen Demonstrationen wie der „Aktion Muttertag" mobilisierte.

1984 und 1985 reisten auch die Hanauer DFI-Frauen gemeinsam mit Freundinnen nach Bonn, unter dem Motto: „Wir machen Putz! Nicht Blumen, Rechte fordern wir!" Bepackt mit Kittelschürzen, BHs und Schlüpfern in allen Größen und Farben aus Kleidersammlungen, mit Putzutensilien, Windelpaketen und aufgeblasenen Kondomen, ausgerüstet mit Trillerpfeifen, Tröten und Trommeln zog an diesen beiden Maitagen ein feministischer Lindwurm durch die ehrwürdige Bundeshauptstadt Bonn und dekorierte Verkehrsschilder, Zäune, Denkmäler mit den frauentypischen Mitbringseln. „Wir wollen das ganze Leben", forderten sie, „Beruf, Familie und Politik! Wir wollen eine andere Rollenverteilung. Wir wollen ein Leben ohne Gewalt gegen Frauen und ohne patriarchalische Beherrschung, ein Leben ohne Ausbeutung und Unterdrückung, ein Leben in Frieden und Freundschaft zwischen den Völkern!"

Die Hanauer DFI-lerinnen waren auch vor Ort kreativ. Für ein Festival ließen sie beim Bäcker „friedliche Amerikaner" backen; das Biskuitgebäck mit braunem und weißem Zuckerguss war dafür mit dem Peace-Zeichen verziert worden und fand reißenden Absatz!

Und ihre Ehemänner? Die waren oft links eingestellt, sahen das Private aber als unpolitischen Raum an und vertraten ebenfalls die These von der Befreiung der Frau im Sozialismus. Bewusst oder unbewusst nutzten sie diese Theorie zur Bewahrung der für sie sehr bequemen Arbeitsteilung zu Hause.

„Fräulein" antiquiert

Ilse Werder

Die Hanauer SPD-Landtagsabgeordnete Ilse Busch startete bereits ab 1968 mehrere Versuche, über das Wiesbadener Büro für Staatsbürgerliche Frauenarbeit bei der Landesregierung zu erreichen, dass unverheiratete Frauen nicht mehr grundsätzlich mit Fräulein angesprochen würden. Nach wiederholter Mahnung hat das Innenministerium tatsächlich die Innenministerien aller Länder um eine Stellungnahme zu diesem Anliegen gebeten. In einer gemeinsamen Sitzung am 2. Mai 1968 wurde erörtert, „ob die in Bund und Ländern geltenden Erlasse entsprechend geändert werden sollen". „Auf Grund der inzwischen eingetretenen Entwicklung besteht anscheinend ein Bedürfnis, die alten Erlasse aus dem Jahre 1955 über die Anrede der ledigen Frau anzupassen. Hierfür ist eine einheitliche Regelung im ganzen Bundesgebiet empfohlen worden, wobei die Vorstellung überwiegt, von festen Stichtagen Abstand zu nehmen", heißt es in einem Bericht des Innenministeriums an Ilse Busch. Eine Empfehlung gehe dahin, bei ledigen weiblichen Personen die Anrede „Frau" zu gebrauchen, „wenn dies auf Grund des Lebensalters, der Stellung in Beruf und Haus, im Hinblick auf die Eigenschaft als Mutter oder aus ähnlichen Gründen geboten" erscheine. Nach langen weiteren Erörterungen heißt es weiter in einem Brief des damaligen Staatsekretärs Karl Hemfler an Ilse Busch, eine Neuregelung sei beabsichtigt. Die dürfe sich dann dahin auswirken, „dass ledige Frauen im behördlichen Verkehr vom dreißigsten Lebensjahr an als Frau angesprochen werden".
Wir wissen, die Praxis hat alle behördlichen Erörterungen zu diesem Thema längst überholt, es bedurfte keiner ministeriellen Erlasse mehr, um das antiquierte „Fräulein" abzuschaffen. Die 68er- und Nach-68er-Frauenbewegung hat es schlicht hinweggefegt.

Hanauer Autonome Frauen – ein Gespräch

Wir treffen uns in der Kneipe auf ein Bier. Wir, das sind Christa Klose, 52 Jahre und Mitarbeiterin der „Lawine“, und Beate Herrmann, 54 Jahre, Mitarbeiterin des Frankfurter Jugendamtes, beide in den siebziger und achtziger Jahren bei den Autonomen Frauen in Hanau, und ich, Imke Meyer, Frauenbeauftragte und zu der Zeit, über die wir reden wollen, Studentin in Hamburg. Ich muss also viel fragen.

I.M.: Beate, wie hat es angefangen, was war der ausschlaggebende Impuls für Euren Aufbruch?

B.H.: Wir kamen eigentlich alle aus der linken Szene, damals war viel in Bewegung und wir diskutierten über den § 218. Ich erinnere mich gut an eine Veranstaltung vom KBW (Kommunistischer Bund Westdeutschland), auf der die Männer redeten und theoretisierten, und wir Frauen kamen weder zu Wort, noch spielten wir eine Rolle. Das hat uns wütend gemacht, und wir beschlossen, uns allein zu treffen.

C.K.: Wir Frauen wollten nicht nur als Freundin von XY gesehen werden. Wir hatten eigene Ideen, Meinungen und Wünsche, wollten eigenständige, selbstbewusste Frauen sein und merkten zunehmend, dass viele von uns nicht so erzogen worden waren. Schon die Sprache, die auch in linken Kreisen benutzt wurde, empfanden wir als sexistisch und auch frauenfeindlich, weil sie uns zum Verschwinden brachte. Bis heute wird umgangssprachlich überwiegend die männliche Form benutzt.

B.H.: Wir haben uns zunächst in Privaträumen getroffen und über die Klischees geredet und das Korsett, in das wir als Frauen gesteckt wurden, und wir fingen an, alles in Frage zu stellen. Weil die Gruppe innerhalb kurzer Zeit angewachsen war, haben wir das erste Frauenzentrum in einem großen Raum in der Thomas-Münzer-Straße eingerichtet, haben Gruppen organisiert, die verschiedene Themen behandelt haben, angefangen von der Theorie über Selbsterfahrung bis hin zu Gesundheitsthemen. Es gab auch eine starke Lesbengruppe im Frauenzentrum.

C.K.: Wir machten die unglaubliche Erfahrung, dass Frauen nicht konkurrent sein und sich streiten müssen und dass Frauen gemeinsam stark sind. Das war ein tief berührendes und nachhaltiges Gefühl. Es gibt zu vielen Mitstreiterinnen von damals eine tiefe Verbundenheit.

I.M.: Was habt Ihr denn in den Gruppe diskutiert? Die wurden ja gern als bloße „Quatschgruppen“ abgetan.

B.H.: Wie gesagt, da gab es viele Themen. In der Selbsterfahrungsgruppe haben wir zum Beispiel unsere Erziehung analysiert, haben hinterfragt, was es denn eigentlich heißt, weiblich zu sein. Wir haben festgestellt, wie uns die Erziehung behindert und wie sie uns festlegt, dass die individuelle Situation, in der wir steckten, zu verallgemeinern war, dass Männer durch ihre Rolle als Alleinernährer ökonomische Macht besaßen und auch, dass sie über Sexualität Macht ausübten. Grob umrissen.
Und wir haben nach starken Frauen in der Geschichte geforscht. Wir waren auf der Suche nach Vorbildern.

C.K.: Eine der wichtigen Erkenntnisse war, dass wir auch im Privaten etwas verändern mussten. Dass auch unsere privaten „Liebes“-Beziehungen von männerdominierten, patriarchalen Einflüssen geprägt waren. Es gab zum Beispiel den Streitpunkt unter unseren linken Freunden und uns: „Wenn der Kapitalismus abgeschafft ist, gibt es keine Probleme mehr mit der Frauenfrage, alle sind dann gleichberechtigt“, favorisierten die Männer. Wir Frauen hielten dagegen: „Erst die Veränderung des Geschlechterverhältnisses ermöglicht eine Änderung der gesellschaftspolitischen Verhältnisse.“ Heute ist nicht mehr vorstellbar, dass Frauen zu der Zeit eine eigene Sexualität abgesprochen wurde. Wir Frauen fingen damals an, uns mit anderen Frauen über Körper, Verhütung, sexuelle Themen, klitoralen Orgasmus, Schwangerschaftsabbruch und unsere Beziehungen auszutauschen. Einige Frauen entdeckten, dass sie sich eher zu Frauen hingezogen fühlten.

I.M.: Das hat Euch den Vorwurf der Männerfeindlichkeit eingebracht. Ihr wolltet auch ohne Männer Feste feiern. Warum?

B.H.: Wir haben damals die Erfahrung gemacht, dass sich Frauen im Beisein von Männern schnell zurückgenommen haben. Dann fingen wir an Feste, Veranstaltungen, Demonstrationen von Frauen für Frauen zu organisieren und merkten, dass wir ausgelassen feiern, tanzen und demonstrieren konnten. Wir hatten Spaß mit und unter Frauen.

C.K.: Und über die Teilnahme von Männern an bestimmten Aktionen, Aktivitäten, Festen gab es öfters Diskussionen, sowohl mit Männern als auch mit engagierten Frauen aus gewerkschaftlichen Bereichen oder Parteien.

B.H.: Klar haben wir auch mit Männern diskutiert. Die meisten von uns lebten ja auch in einer Beziehung. Wir haben uns gegen die Männer gerichtet, die ihre Privilegien behalten wollten. Aber wir haben nicht nur das Private diskutiert, sondern auch in der Theoriegruppe die Klassiker studiert: Simone de Beauvoir, Kate Millet, natürlich Alice Schwarzer und andere. Und ein großer Bereich war Frauengesundheit und Sexualität.

C.K.: Oftmals waren wir bei Ärzten demütigendem Verhalten ausgesetzt. Wir brachten uns bei, uns selbst untersuchen zu können. Unterstützten Frauen konkret, vor allem wenn sie schwanger waren. Unsere öffentlichen Forderungen waren „Ob wir Kinder wollen oder keine, entscheiden wir alleine!“ oder „Mein Bauch gehört mir“.

B.H.: Wir sind für die ersatzlose Streichung des § 218 eingetreten, nachdem eine Abtreibung unter Strafe stand. Das hat uns von den anderen Gruppen unterschieden, die ihn nur reformieren wollten.

C.K.: Wir sind davon ausgegangen, dass Frauen nicht leichtfertig abtreiben, sondern sehr starke Gründe haben. Die Androhung einer Strafe verhinderte nicht die Abtreibung, mit dem § 218 wurden nur die Frauen bestraft.

B.H.: Wir hatten auch Kontakt zu Autonomen Frauen in Frankfurt, die Fahrten nach Holland organisierten, wo Abbrüche nicht nur legal, sondern auch wesentlich schonender als bei uns durchgeführt wurden.

Legal konnte bei uns ja nur ein Abbruch vorgenommen werden, wenn die Frau viele Hürden hinter sich gebracht hatte. Die Abbrüche, die dann damals im Krankenhaus vorgenommen wurden, waren extrem schmerzhaft, indem durch die Anwendung von Prostaglandin eine Fehlgeburt eingeleitet wurde. Das hätte man damals auch schon anders machen können.

C.K.: Wir haben uns informiert und andere beraten, wie sie alternativ verhüten könnten, damals hatte die Pille extreme Nebenwirkungen, es war überhaupt nicht klar, wie sie sich langfristig auswirken würde.

B.H.: Letztendlich ist aus diesen Gesundheitsgruppen, die es in allen Städten gab, das Feministische Frauengesundheitszentrum in Frankfurt entstanden. Es berät ja auch heute noch Frauen und weist sie auf Alternativen zur Schulmedizin hin.
Wir waren übrigens schon nach einem Jahr mit dem Frauenzentrum von der Thomas-Münzer-Straße in die Jahnstraße in eine Drei-Zimmer-Wohnung umgezogen, weil die Räumlichkeiten zu klein geworden waren.

I.M.: Musstet Ihr da nicht mehr Miete bezahlen? Wie habt Ihr das gemacht?

C.K.: Öffentliche Mittel haben wir abgelehnt, weil wir unabhängig bleiben wollten. Also wurde viel organisiert, Frauenfeste, für die wir einen kleinen Eintritt genommen haben, Basare mit Kaffee-und-Kuchen-

Autonome Frauen demonstrieren in der Walpurgisnacht, 1978

Verkauf, Infostände, Spenden, eigene Beiträge. Wir haben viel Spaß gehabt und kreative Ideen und Aktionen entwickelt.

I.M.: Ja, Ihr wart sehr öffentlichkeitswirksam und seid selbstbewusst aufgetreten.

B.H.: Manchmal haben wir uns auch überschätzt. Bei einer Aktion zur Walpurgisnacht haben wir im damaligen Hanauer Rotlichtviertel Flugblätter verteilt und Krach gemacht. Wir waren circa dreißig Frauen und sind dann von Zuhältern angegriffen worden.

C.K.: Alle waren wie gelähmt. Die haben richtig zugeschlagen. Wir haben uns total hilflos gefühlt. Beate ist mit einer Gehirnerschütterung ins Krankenhaus eingeliefert worden. Die Reaktionen darauf waren sehr unterschiedlich, von Solidarität bis „Warum geht Ihr auch dahin?“

B.H.: Das zeigt aber auch die Notwendigkeit solcher Aktionen, wir hätten sie nur besser absichern müssen. Wir haben ja viele Aktionen gemacht gegen Sexshops und Veranstaltungen wie die Boxveranstaltung, in der Frauen mit nacktem Oberkörper vor johlenden Männern boxten.

C.K.: Ein Thema von Anfang an war die Gewalt gegen Frauen. Dies öffentlich zu machen, war ungeheuer wichtig. Wir haben demonstriert – und übrigens Kinderbetreuung durch Männer organisiert – und einen Schutzraum für Opfer gefordert. Einen Schutzraum, zu dem Männer keinen Zutritt haben und der in der Öffentlichkeit nicht bekannt ist. Um traumatisierte Frauen zu schützen und Männern keine Gelegenheit zu geben, Frauen unter Druck zu setzen.

B.H.: Gemeinsam mit anderen Frauen haben wir dann das Frauenhaus erkämpft. Bevor in Hanau ein geeignetes Haus gefunden war, haben wir schon ehrenamtlich betroffene Frauen beraten und sie notfalls in geschützten Räumen untergebracht.

I.M.: Ihr habt beide in Wohngemeinschaften gelebt. Christa, Du warst in einer Frauen-WG. Was wolltet Ihr anders machen?

C.K.: Wir wollten gemeinsam, ohne Besitzdenken und Konkurrenz selbstbestimmt leben. Wir hatten zum Beispiel Kleiderschränke für alle, jede konnte sich daraus bedienen. Wir haben eine gemeinsame Kasse gehabt, aus der eingekauft und alles finanziert wurde. Auch die gemeinsamen Fahrzeuge. Mit der Nachbar-WG, in der Beate lebte, organisierten wir abwechselnd den Einkauf von biologischen Lebensmitteln, so konnten wir günstiger größere Mengen und vor allem auch gute Lebensmittel einkaufen.

Wir drei sind uns einig: Es waren starke Frauen, die sich damals engagiert haben, und es war eine tolle Zeit, eine Zeit des Aufbruchs, der Neuorientierung, ohne Vorbilder neues Land zu betreten und sich auf die Suche zu machen nach alternativen Lebensformen.

Rätsel: Ein Vater fährt mit seinem Sohn in die Ferien. Am Bahnübergang am Rande der Stadt verunglücken sie schwer. Der Vater stirbt noch an der Unfallstelle, der Sohn wird in die städtischen Kliniken eingeliefert. Dort wird alles für eine Notoperation vorbereitet. Als das Chirurgenteam beginnen will, sagt einer der Chirurgen, er könne nicht operieren, das sei sein Sohn.

(Lösung auf der letzten Seite)

Frauenboxen in Hanau-Wolfgang, 1977

Frauenboxen oben ohne – viele Hanauerinnen empört

Ilse Werder

„Zarte Fäuste, harte Schläge, klatschende Brüste" wurden am 1. Dezember 1977 den Besuchern des Bürgerhaus Wolfgang versprochen, und über vierhundert Hanauer und Amerikaner kamen, um „weinende Kampfmaschinen, rote Flecken und strömenden Schweiß" zu genießen. Für Eintrittspreise von 17 bis 28 Mark durften die Besucher als Statisten zwischen kreischender Begleitmusik, Bierdunst und Qualm noch die anfeuernden Schreie dazu liefern.

Die spektakuläre öffentliche Ankündigung einer „Weltsensation" rief zahlreiche Hanauer Frauengruppen auf den Plan, die sich gegen diese als Sport getarnte Porno- und Gewaltshow wehrten und gegen die Vermietung des Bürgerhauses für eine Bloßstellung von Frauen zum „Vergnügen" von aufgeheizten Zuschauern protestierten. Die Veranstalter waren mit ihrer Show zuvor in Neu-Isenburg abgewiesen worden und hatten kurzfristig nach Hanau umdisponiert. In der Ankündigung der Veranstaltung hieß es ausdrücklich „strengstes Jugendverbot" und „keine Haftung für Personen- und Sachschäden, Besuch der Veranstaltung auf eigene Gefahr". „Und da will niemand bei der Vermietung des Bürgerhauses stutzig geworden sein?", fragten die Frauen.

Das Publikum geriet bald außer Kontrolle, während ein angetrunkener Moderator vulgäre Späße ins Mikrofon brabbelte. „Gib's ihr, besorg's ihr, nimm meine Hände, schlag zu!", brüllte die Menge, die allerdings keine Reaktion zeigte, als die zusammengeschlagene Evi als armseliges Stückchen Fleisch in den Seilen hing, weinend und mit schmerzverzerrtem Gesicht.

Der Manager ließ ärgerliche Kommentare ab über eine Gruppe von fünfzig Hanauer Frauen, die vor dem Bürgerhaus protestierte und den Besuchern Flugblätter mit ihren Bedenken überreichte. „Ich bin es leid, in allen Städten dieser Ärger mit den Intellektuellen", schimpfte er. Die bei der Veranstaltung Flugblätter verteilenden Frauen, die Frauengruppe Großauheim, der Verein „Frauen helfen Frauen", der politische Arbeitskreis Großauheim, die Hanauer Frauengruppe und die Arbeitsgemeinschaft sozialdemokratischer Frauen protestierten beim Magistrat. Der antwortete sieben Wochen später, am 23. Januar 1978, mit der Unterschrift von Stadtrat Heinz Goss, dass er zwar die Empörung der Frauen teile, mit der Vermietung des Bürgerhauses aber nichts zu tun habe, das mache die Verwaltungsstelle Großauheim, die ihm „dezernatsmäßig nicht zugeordnet" sei. Falls er künftig früher von solchen Veranstaltungen erfahre, werde er „bei den zuständigen Entscheidungsträgern" darauf hinwirken, „dass sie es auf eine gerichtliche Auseinandersetzung ankommen lassen, wenn erneut Raumansprüche derartiger Veranstalter angemeldet werden".

Auch in den Gewerkschaften Aufbruchstimmung unter Frauen

Ilse Werder

Nach vielen Jahren zäher Aufbauarbeit – aus Trümmern, Chaos, Mangel und dem Kampf gegen ein antiquiertes Frauenbild, mitunter auch innerhalb der Gewerkschaften – haben die Frauen in den verschiedenen DGB-Gewerkschaften in den siebziger Jahren mehr Mut gefasst und sind konsequenter in ihrem Engagement geworden. Im DGB-Kreis Main-Kinzig bildeten die Frauen in der IG Metall einen eigenen Frauenausschuss, der speziell Fraueninteressen und Wege ihrer Umsetzung diskutierte. Darüber hinaus ging es auch um Bildung und die Schaffung besserer Bedingungen für die Frauenerwerbsarbeit auf kommunaler Ebene. Unter dem Motto „Wer nicht kämpft, hat schon verloren" machten sich die Frauen Mut.

Frauen anderer Gewerkschaften wie Handel, Banken und Versicherungen und ÖTV, später auch Chemie und Bau-Steine-Erden, zogen in wechselnder und unterschiedlicher Stärke nach. Gleichwohl blieben aber auch viele Gewerkschafterinnen bei Aktionen im Hintergrund, weil sie täglich mit der Bewältigung von Beruf, Haushalt, Kinder- und Ehemannversorgung zu kämpfen hatten und Konflikte vermeiden wollten. Manche sahen keine Chance, Machtpositionen innerhalb der vorwiegend männlich geprägten Gewerkschaften anzustreben oder die Ansprüche der Ehepartner zu reduzieren.

Trotzdem fanden sich viele Frauen, die innerhalb von Tarifkommissionen oder im Betriebsrat erhebliche Verbesserungen durchsetzen konnten, die kein Weiterbildungsangebot versäumten und die Kontakte zu anderen Frauen und Organisationen suchten, mit denen es gemeinsam etwas zu erreichen galt.

Im DGB-Frauenausschuss fanden sich Frauen aus den verschiedensten Gewerkschaften zu gemeinsamer Arbeit und forschen Aktionen zusammen. Da wurde – etwa bei einer DGB-Kreiskonferenz 1976 mit achtzig weiblichen Delegierten in Wächtersbach – mehr Gleichberechtigung, Frauenarbeitsplätze, Kindergärten, gleicher Lohn für gleiche Arbeit, Abschaffung der Leichtlohngruppen und die Humanisierung der Arbeitsbedingungen gefordert. Auch die Zahl der Berufe, die Frauen zugänglich sein sollten, müsse erheblich erhöht werden, fassten die Frauen ihre bisher erarbeiteten Forderungen zusammen. Die Delegierten aus dem gesamten Main-Kinzig-Kreis beschlossen sieben Anträge, für deren Durchsetzung sie sich in Zukunft energisch einsetzen wollten: Es ging um neue Initiativen gegen Arbeitslosigkeit, um Zahlung von vermögenswirksamen Leistungen während der Mutterschutzfrist, um Vorsorgeuntersuchungen ohne Verdienstausfall, um die Schaffung von ausreichend Beratungsstellen im Zusammenhang mit dem § 218 und steuerliche Verbesserungen bei Aufwendungen für die Kinderbetreuung. Schließlich wandte sich die Versammlung energisch gegen das gleichzeitige Treffen der verbotenen SS-Organisation HIAG in Wächtersbach, das seit Jahren der Glorifizierung einer verbrecherischen NS-Organisation diene und in einer demokratisch verfassten Stadt nicht geduldet werden solle.

Bis in die neunziger Jahre arbeitete der DGB-Frauenausschuss Main-Kinzig aktiv an der Umsetzung der gemeinsamen Ziele Weiterbildung, Mitbestimmung, Kontrolle wirtschaftlicher Macht, Humanisierung der Arbeitsbedingungen, Frieden durch Abrüstung und der Zusammenarbeit mit anderen Frauenorganisationen bei den Themen Gewalt gegen Frauen, Frieden und Internationaler Frauentag. 1981 beschloss der DGB-Frauenausschuss eine Fragebogen-Aktion in allen Großbetrieben und Verwaltungen zur Arbeitssituation der Frauen, die aufschlussreiche Ergebnisse zutage förderte, mit denen sich der Ausschuss ein volles Jahre auseinandersetzte.

Mehrere „Frauenstammtische" von Gewerkschafterinnen in Hanau, Gelnhausen, Biebergemünd und Schlüchtern suchten zeitweise Kolleginnen an ihren Wohnorten bei ihren hautnahen Problemen zu erreichen und ihnen Mut zum Engagement zu machen.

Der DGB-Frauenausschuss beteiligte sich unter anderem an einer Großdemonstration gegen den § 218 in Mainz 1988 (Motto: „Ob Kinder oder keine, entscheiden

wir alleine"), an der Förderung von Jugendaustauschprogrammen auf internationaler Ebene, an einer Großdemonstration in Kassel zur Unterstützung der von der Entlassung bedrohten „Heinze-Frauen".
Die Gewerkschaftsfrauen unterstützten eine Aktion der „Frankfurter Rundschau" für die Putzfrauen der Region, deren beschämende Arbeitsbedingungen auf einer Sonderseite am 31. Oktober 1986 dokumentiert worden waren. Abhilfe wurde zuerst in den öffentlichen Verwaltungen gefordert.
Als Anfang der neunziger Jahre ein „Rollback der Frauenpolitik" auf allen Ebenen einsetzte, fragte die aus dem Main-Kinzig-Kreis stammende Landesfrauensekretärin Marita Eilrich ganz öffentlich, ob diese Gesellschaft und ihre männlichen Repräsentanten und Entscheidungsträger – auch in den Gewerkschaften – es jemals ernst gemeint hatten mit der Gleichberechtigung: „Jetzt, in der Rezession, sieht es aus, als ob das Ganze eher eine Schönwetterveranstaltung war."

Beispielhaft für einige hundert Frauen im Main-Kinzig-Kreis, die sich in den siebziger und achtziger Jahren innerhalb der gewerkschaftlichen Frauenarbeit außerordentlich engagiert haben, seien an dieser Stelle genannt:
Monika Sanner-Jacob, Doris Wege, Karola Zilch, Ella Conz, Gerda Kaufmann, Käthe Makko, Susanne Greune, Lore Reifenberger, Käthe Klösters, Irmgard Dobislav, Änne Schüle, Anni Süß, Anneli Tuchscheer, Rosi Barthel, Tina Piscitello, Monika Ullmann, Isolde Reichert, Dora Reichard, Helga Seipel-Schneider, Sigi Knecht, Monika Zumpe, Margret Reinold, Sybille von Soden, Marita Eilrich, Conny Gramm, Anni Rossmann, Käthe Saljo, Monika Dietrich, Helga Wilkening, Elga Buchhold, Jacqueline Rumpf, Ayan Kizitas, Karin Roth, Heidi Eppert, Birgit Leineweber, Irene Metzler-Reich, Gisela Tessmann, Sybille Lange, Monika Pauly und Maria Schilling.

Demonstration zum 8. März 1985, am Mikrofon Conny Gramm

Frauen in den Gewerkschaften

Conny Gramm

Bundesfrauenkongress der IG Metall, 1985

Achtzig Prozent der Mitglieder in der IG Metall sind Männer, zwanzig Prozent Frauen. Auch in vielen anderen Gewerkschaften sind Frauen in der Minderheit, und die Dominanz der Männer ist an den Themen, die behandelt werden, und der Tarifpolitik abzulesen.

In den siebziger und achtziger Jahren haben Frauen in den Gewerkschaften nicht nur den 8. März für sich erobert. Der DGB-Bundesvorstand hatte diesen Tag als „kommunistischen Feiertag" abqualifiziert und zunächst alle Aktivitäten untersagt. Sondern sie sind auch sonst selbstbewusster in Erscheinung getreten. Die Frauen haben nach außen und innen Forderungen gestellt, nach einer Quotierung innerhalb der Gremien etwa, nach Frauenförderplänen und dem Erhalt eigenständiger Frauenstrukturen mit Antragsrechten, die auch heute noch immer wieder in Frage gestellt werden.

Viele Gewerkschafterinnen, die im DGB-Kreisfrauenausschuss, beim DGB-Frauenstammtisch oder in den Frauenausschüssen der IG Chemie, der GEW, der HBV und der IG Metall aktiv waren, waren auch bei den frauenpolitischen Aktivitäten und Bündnissen in Hanau dabei.

Themen der Gewerkschaftsfrauen waren und sind:

Bessere Arbeitsbedingungen

Gleiche Entlohnung für gleichwertige Arbeit. In keinem EU-Land ist das Lohngefälle zwischen den Geschlechtern so groß wie in Deutschland.

„Auf geht's, rauf geht's" war der Titel einer Kampagne der IG-Metall-Frauen. In den Hanauer Metallbetrieben wurden die Eingruppierung der Kolleginnen überprüft: Je niedriger die Entgeltgruppe, desto höher war der Frauenanteil. Die unteren Lohn- und Gehaltsgruppen waren fast alle von Frauen „besetzt", die höchsten Lohn- und Gehaltsgruppen dagegen frauenfrei. Die durchgeführten Höhergruppierungsaktionen waren erfolgreich. Viele Kolleginnen wurden zumindest eine Lohngruppe höher eingruppiert.

Bessere Vereinbarkeit von Beruf und Familie

Krippenplätze und Ganztagsschulen sind noch immer Mangelware, und von den circa 2 Millionen Pflegebedürftigen werden 45 Prozent zu Hause gepflegt, davon 74 Prozent von Frauen.

Arbeitszeitverkürzung bei vollem Lohnausgleich

Im Kampf um die 35-Stunden-Woche 1984 wurde in Hanau die Firma Honeywell und die Firma BBC bestreikt, die Beschäftigten der Vacuumschmelze wurden ausgesperrt. Kolleginnen waren überall aktiv, denn es ging nicht nur darum die Arbeitszeit zu verkürzen, um der Arbeitslosigkeit entgegenzuwirken.

Unser Slogan „35-Stunden-Woche – Mehr Zeit zum Leben, Lieben, Lachen" macht deutlich, dass es uns auch darum ging, die Voraussetzungen zu optimieren, Arbeit und Familie besser zu vereinbaren und partnerschaftlich teilen zu können und mehr Zeit für Kultur, Politik und persönliche Dinge zu haben.

- *Tarifverträge, die nicht diskriminieren*
- *Gegen den § 218, für das Selbstbestimmungsrecht der Frauen*
- *Für Frieden und Abrüstung*
- *Keine Frauen in die Bundeswehr*
- *Gegen die Erhöhung des Rentenalters – Abschlagsfreie Rente mit 60*
- *Gegen die Stigmatisierung von Frauen als „Doppelverdienerin" in Krisen*
- *Gegen die Ausweitung von Schichtarbeit*

Mit frischem Wind – ins Leben und in die Politik

Elfriede Klimmer

Ich erinnere mich gern an die aktiven siebziger und achtziger Jahre in Hanau und im Main-Kinzig-Kreis. Ich bin jetzt Rentnerin, aber immer noch sehr verbunden mit unseren vielen Aktionen in jenen Jahren. Als aktives Gewerkschaftsmitglied bin ich nach wie vor bei allen wichtigen Veranstaltungen dabei und mache im Seniorenkreis mit.

Die sogenannten „68er" in Frankfurt haben viel frischen Wind ins Leben und in die Politik gebracht und auch in Hanau einige Bewegung ausgelöst. Als die Studentinnen mit lauten Aktionen und wirklich guten Argumenten die Frauen aufweckten, wurden wir auch innerhalb der Gewerkschaften mutiger als zuvor und haben entschlossener zu kämpfen versucht. Vor allem haben wir uns nicht mehr vom Bundesvorstand reinreden lassen, ob wir einen Internationalen Frauentag am 8. März feiern dürfen oder nicht. Wir haben ihn organisiert und mit vielen Kolleginnen gefeiert, mit Frauen aus der SPD und der DKP, mit nicht organisierten Frauen aus der Türkei, aus Spanien und Italien, teilweise auch mit deren Familien. Wenn die türkischen Frauen ihre Männer und Kinder mitbrachten – sonst hätten sie ja nicht teilnehmen dürfen –, gab es mitunter auch Widerstand von einigen Frauen aus der alternativen Szene, aber es blieb dabei.

Wir sind alljährlich vor dem Fest im Nachbarschaftshaus Tümpelgarten in einem Demonstrationszug durch die Stadt gezogen und haben auf Plakaten unsere Forderungen an die Politik mitgetragen und in Sprechchören hören lassen. Danach haben wir bei kämpferischen Reden von prominenten linken Frauen aus der Politik, später auch noch mit Folkloretänzen, unseren Frauentag gefeiert. Wir Gewerkschaftsfrauen haben für gutes Essen und Trinken gesorgt. Bei uns waren immer die praktischen Frauen, die zupacken, organisieren, flott arbeiten konnten.

Auch die Vorbereitung und der große Aufwand für weit über zweihundert Teilnehmer wurde vor allem von den Gewerkschaftsfrauen übernommen. Sie hatten zuvor viele Kuchen gebacken, Salate gerichtet, gekocht und gebrutzelt.

Wir konnten viele Kolleginnen aus den Betrieben für diesen Tag motivieren. Viele waren auch dabei, als wir massiv die Friedensaktionen dieser Jahre und den damals so aktuellen Kampf gegen den § 218 unterstützten.

Ganz aktiv haben wir uns für das erste Frauenhaus in Hanau zusammen mit vielen anderen Frauen eingesetzt. Viele von uns wurden Mitglied im neu gegründeten Verein „Frauen helfen Frauen". Damals gab es eine neue Solidarität unter Frauen.

Aber wir erfuhren auch Diskriminierung durch Männer, die ja immer schon am besten wussten, wie Frauen sein sollen und was für sie gut ist. Das kam von schwarzen Kommunalpolitikern. Manchmal gab es auch großes Erstaunen bei den Männern innerhalb der Gewerkschaften, denn Frauen kandidierten zunehmend als Betriebsräte und für Vorstandswahlen und wollten nicht mehr nur nützliche Hilfsdienste leisten.

Es gab viel Aufbruchstimmung innerhalb der Gewerkschaften. Der DGB-Frauenausschuss – immer aktiv unterstützt vom DGB-Kreisvorsitzenden Sepp Sigulla – befasste sich über viele Jahre mit allen aktuellen Problemen der Frauen-Arbeitswelt, setzte sich für Mädchen in sogenannten Männerberufen ein und behandelte immer wieder die Themen Soziale Gerechtigkeit, Bildungschancen für Mädchen und Frauen und bessere Kinderbetreuung in den Gemeinden. Wir kämpften schon damals für gleichen Lohn bei gleicher Arbeit für Männer und Frauen, was ja heute, im Jahr 2011, noch immer nicht erreicht ist. Vielleicht müssen die jungen Frauen noch kämpfen lernen.

In den Betrieben und teilweise auch innerhalb der Gewerkschaften wurden wir mit unserem neuen Mut mitunter auch scheel angesehen, aber das gehört dazu, wenn sich etwas verändert.

Dorle Obländer

Dorle Obländer, vielseitige Künstlerin und Kulturpreisträgerin aus Schlüchtern, war selbst in der Frauenbewegung der siebziger und achtziger Jahre aktiv. Sie setzte sich gemeinsam mit anderen Frauen für das Frauenhaus in Hanau ein.
Mit ihren Frauenbildern, die sie eigens für die Ausstellung „Das Private ist politisch!“ gemalt hat, will sie deutlich machen, dass sich Frauen, über die organisierte Frauenbewegung hinaus, in ihrem Umfeld gegen Benachteiligung gewendet und für gleiche Rechte von Frauen und Männern gekämpft haben.
Ihre Bilder sind eine Hommage an die Frauen, die viel bewirkt haben, aber anonym geblieben sind.

Frauenporträts, Acryl auf Leinwand, je 50 x 100 cm, 2010 (Details)

HYDRA

MEiN

MiR

Nicht nur Akademikerinnen

Marianne Rödiger

Ich bin 1947 als Tochter eines selbständigen Elektromeisters in Langenselbold geboren worden. Meine Brüder bekamen eine ordentliche Ausbildung, ich musste mit 14 Jahren „in Stellung" gehen, später als Arbeiterin in die Fabrik. Ich habe viele Jahre bei der Honeywell in Dörnigheim gearbeitet und mir dort im Umgang mit gefährlichen Chemikalien irreparable Schäden an Bronchien und Lunge zugezogen. Deswegen musste ich früher in Rente gehen.

Ich war vorübergehend Stadtverordnete der DKP in Langenselbold, seit langem bin ich parteilos.

In der Honeywell habe ich viel gelernt, nämlich Solidarität unter Kollegen, Engagement in der IG Metall, auch gegen Leichtlohngruppen für Frauen. Wir haben gemeinsam für die 35-Stunden-Woche gestreikt. Ich habe sehr gern im IG-Metall-Frauenausschuss mitgearbeitet. Das hat mich selbst weitergebracht. Ich habe dort Frauen kennengelernt, die gelernt hatten, für ihre und die Interessen ihrer Kolleginnen zu kämpfen.

Die „Frauenbewegung" wird immer nur den Akademikerinnen zugeordnet, das ist nicht richtig. Ja, diese Frauen konnten sich besser lautstark Gehör verschaffen, aber wir waren auch dabei. Vor allem: Immer wenn es um praktisches Handeln ging, wie etwa beim Frauentag oder bei der Säuberung und Renovierung des so schwer erkämpften ersten Frauenhauses, sind wir sofort ans Werk gegangen und haben weiter kein Gedöns darum gemacht. Aber wir hatten auch mit uns selbst Schwierigkeiten. Gerade weil wir immer so bemüht waren, brav und fleißig alle Anforderungen zu erfüllen, standen wir unseren Wünschen oft im Weg.

1968: Die Ehepartner berichteten den Frauen vom „Fortgang der Revolution". Sie waren im Sozialistischen Studentenbund. Ich habe leise gesagt: „Da könnte ich auch mitmachen." Das wurde dann schnell erstickt. Junge Frauen mit 21 sollten angenehm anzuschauen und hilfsbereit sein, aber nicht aufmüpfig oder vorlaut. Auch die Kollegen in der Gewerkschaft waren oft nicht so fortschrittlich, wie sie behaupteten. Ein bisschen mehr wollten sie uns ja zugestehen, weil wir ja auch für viele Arbeiten sehr nützlich waren. Im „Frauenausschuss" fanden sie uns gut zwischengeparkt. Ganz oben und in der Mitte gab es auch in unserer Gewerkschaft nur Männer.

Ich wurde früh Mitglied im Verein „Frauen helfen Frauen". Im Wohnzimmer von Ilse Werder haben wir die Gründung vorbereitet, im Frauentreff an der Alfred-Delp-Straße wurde die offizielle Gründung mit einer Notarin beschlossen. Wir waren Frauen aus der SPD, der DKP, Gewerkschafterinnen, christliche Frauen und einige aus der Autonomen Szene.

Als nach langen Auseinandersetzungen mit Behörden uns das erste Haus von der Stadt angeboten wurde, das grauenhaft war, jammerten wir nicht viel, sondern packten zu. Das Haus hatte jahrelang leer gestanden, alle Heizkörper waren geplatzt, in den Pfützen fanden sich die Überreste vom traurigen Vegetieren vieler obdachloser Männer und vieler wilder Katzen samt ihrer Exkremente. Unrat überall. Nur ein paar wenige Frauen fanden sich bereit, hier sauber zu machen.

Wir haben mit Hilfe unserer Partner neue Leitungen gelegt, Handwerker für Heizung und neue Installationen in Bädern, Küchen und für Malerarbeiten gesucht, neue Schlösser eingebaut und viel, viel Müll beseitigt. Der damalige Landtagsabgeordnete Hans Heimerl half uns dabei. Er war Beschimpfungen durch einige Autonome Frauen ausgesetzt, die in diesem Haus keinen Mann sehen wollten. Ja, vor allem die Frauen, die schon früh gelernt hatten, hart zu arbeiten, haben sich hier eingesetzt.

Bis heute hat sich so viel noch nicht geändert. Man sagt uns noch immer, was wir unter unserer Emanzipation zu verstehen haben. Und die Frauen selbst kämpfen nicht.

Mir war es ganz recht, als die SPD-Frauen für eine Frauenbeauftragte gekämpft haben. Vor allem, weil ich sicher war, dass von einer solchen Stelle auch mal die stillen, die braven Frauen gewertschätzt würden. Die, die immer ohne Tamtam die Ärmel hochkrempeln und „es" gemacht haben. Und ich war gern dabei als ein „Archiv Frauenleben" gegründet wurde, damit das Frauenleben nicht mehr verloren geht.

Mädchentoiletten – ein Wagnis

Ilse Werder

Scheinbar unüberwindliche Hindernisse bei der Ausbildung und der Beschäftigung von Mädchen und Frauen in technischen Berufen wurden dank der anhaltenden Frauenkampagnen in der Öffentlichkeit allmählich überwunden: Am 19. August 1978 las man in der „Frankfurter Rundschau" unter der Überschrift „Silberstreif am Horizont", dass die Kreishandwerkerschaft Hanau ihr neues Ausbildungszentrum erstmals mit Mädchentoiletten ausgestattet habe. Die bisher reine Männerdomäne Kreishandwerkerschaft hatte damit ein kühnes Wagnis begonnen. Allerdings zu einer Zeit, als nicht nur in allen technischen Berufen Mangel an Fachkräften herrschte, vielmehr auch immer mehr Mädchen in technische Berufe drängten. Zuvor waren Bewerbungen von Frauen in Ausbildungszentren und Betrieben immer wieder mit Bedauern abschlägig beschieden worden, man könne ja nicht die vorgeschriebenen Frauentoiletten vorweisen. Die staatliche Gewerbeaufsicht schreibe solche Einrichtungen, wie auch Umkleideräume für Frauen vor. „Ja, aber was so etwas kostet!", hieß es immer wieder, wenn die eigenen Hemmschwellen überwunden werden sollten.

Frauen und Frieden

Ruth Defoy

Die Frauenbewegung war immer auch friedensbewegt und das seit Einführung des Internationalen Frauentages 1910. Besonders aber nach den beiden Weltkriegen erkannten viele Frauen, dass es nicht um Ehre und Vaterland ging, sondern um wirtschaftliche und politische Macht. So engagierten sie sich weltweit, also auch in Hanau, dafür, dass Konflikte künftig friedlich gelöst würden.
„Viele von uns waren schon einmal Zeugen des Untergangs unserer Stadt Hanau. Wir haben sie zu Grabe getragen, die Tausende, die im Bombenhagel am 19. März 1945 ums Leben kamen. Vor allem wir Frauen, die die große Last des Krieges zu tragen hatten, bauten unter unsagbaren Opfern diese Stadt wieder auf." Mit diesen Worten erklärte die Hanauerin Käthe Klösters, warum sie sich schon in den fünfziger Jahren gegen die aufziehende Remilitarisierung zur Wehr setzte, warum sie mit vielen anderen Frauen Ostermarschiererin wurde, in den sechziger Jahren gegen die Giftgaslagerung in Hanau kämpfte, sich gegen einen Frauenwehrdienst aussprach und an den Demonstrationen gegen die Stationierung der Pershing II- und Cruise Missiles-Raketen teilnahm. Ihre Aktivitäten spiegeln ziemlich genau die Geschichte der Frauenfriedensbewegung in der Bundesrepublik Deutschland wider, die von vielen Gruppierungen getragen wurde.

1950 gründete sich der Demokratische Frauenbund Deutschland (DFD), der sich während des Kalten Kriegs gegen die Einbindung der Bundesrepublik in ein Militärbündnis (Pariser Verträge), gegen Wiederaufrüstung, Wehrpflicht und Atombewaffnung richtete. Der DFD hatte 28 000 Mitglieder und war als „Marionette der DDR" verpönt und 1957 als verfassungswidrige Organisation verboten.
Ebenfalls in den fünfziger Jahren entstand die Westdeutsche Frauenfriedensbewegung (WFFB). Auch sie protestierte 1954 gegen die allgemeine Wehrpflicht, 1955 gegen die Pariser Verträge, 1957 gegen die drohende Atomgefahr, 1960 gegen die Entwürfe der ersten Notstandsgesetze und schloss sich Mitte der sechziger Jahre den Protesten gegen den Vietnamkrieg an. Die WFFB zerfiel im Jahr 1974, weil es ihr nicht gelungen war, die jungen Frauen aus der Nachkriegsgeneration zu aktivieren. Dazu kam es erst durch die studentische Protestbewegung und die neue Zweite Frauenbewegung, die viele Frauen ermutigte, sich in die Politik einzumischen.
In der Initiative „Frauen in die Bundeswehr – Wir sagen Nein" fanden sich alte erprobte und junge Streiterinnen aus Gewerkschaften, kirchlichen Kreisen, SPD und DKP zusammen. In Hanau appellierte die Landtagsabgeordnete Ilse Busch: „Wir alle, die wir uns für Frieden, Abrüstung, atomwaffenfreie Zonen und gegen Raketenstationierung einsetzen, müssen täglich unsere Bündnisfähigkeit unter Beweis stellen ... Deshalb fordere ich alle und gerade die Angehörigen meiner Generation, die den Krieg miterlebt haben, auf, reiht Euch ein in die Friedensbewegung. Wir haben nicht vergessen und werden nicht vergessen, was am 19. März 1945 in Hanau geschah."

Karin Roth bei der Friedenskundgebung im Park der Martin-Luther-Stiftung, 1984

Bei den Ostermärschen, bei den kommunalen Aktionen für eine „atomwaffenfreie Zone" oder gegen Kriegsspielzeug, bei Friedenswochen, „Friedensketten", bei den Demonstrationen des DGB zum Anti-Kriegstag und bei Protestfahrten nach Bonn waren viele, viele Hanauerinnen mit dabei. Die breite, örtliche Friedensinitiative wurde jahrelang von Traudel Wahl repräsentiert.
Eine große Gruppe von Frauen und Männern traf sich in Großauheim bei Pfarrer Lothar Grigat, auch hier waren die Frauen in der Überzahl.

Innerhalb der SPD im Main-Kinzig-Kreis waren es vor allem Frauen, die für mehr Friedenspolitik Druck machten. In mehreren eigenen Anträgen und in leidenschaftlichen Reden forderten sie den Parteitag und ihren Bundestagsabgeordneten Gerhard Flämig auf, die Gefahr einer Eskalation zwischen Ost und West zu bannen.

Bei einer Kundgebung am 8. März 1984 intonierten zweihundert Hanauer Frauen: „Wir kämpfen gemeinsam für eine Welt ohne Arbeitslosigkeit und ohne Krieg, und wir sind nicht eher friedfertig bis Frieden ist!"
Die meisten Forderungen der auch in Hanau starken Frauenfriedensbewegung konnten sich angesichts einer Übermacht an militanten Aufrüstungsbefürworten und „Kalten Kriegern" nicht durchsetzen. Dabei sind die Gefahren auch heute nicht kleiner geworden.

Wie der Frauentreff entstand

Hildegard Waltemate

In den siebziger Jahren gab es im Raum Hanau eine sehr aktive sozialdemokratische Frauengruppe. Großer Aufbruch war angesagt. In der AsF (Arbeitsgemeinschaft sozialdemokratischer Frauen) trafen sich regelmäßig viele Frauen aus der Region, vor allem aus Hanau, mit dem Ziel, die Lebensbedingungen der Frauen im Land und die Stellung der Frauen innerhalb der SPD zu verändern.

Ich gehöre der AsF seit 1973 an und war damals stellvertretende Vorsitzende, später Vorsitzende. Wir trafen uns meist in Cafés oder in kleinen Gaststätten, um aktuelle Frauenthemen zu diskutieren oder Anträge für Parteitage zu formulieren. Als der Kreis immer größer wurde, kam der Gedanke auf, einen eigenen Frauentreff zu gründen, um endlich in angenehmer Atmosphäre eine größere Stabilität für unsere politische Arbeit zu erreichen und unsere Themenschwerpunkte zu erweitern.

Gemeinsam mit der Vorsitzenden Ilse Werder machten wir uns auf Raumsuche. Nach einem Jahr intensiven Suchens fanden wir in einem ehemaligen Fabrikgebäude, das die Stadt erworben hatte, fünf Räume in einem 130 Quadratmeter großen Büro, das allerdings in einem verwahrlosten Zustand war. Es wurde uns – vielleicht auch aus diesem Grund – für nur 180 Mark Miete im Monat angeboten. Zuzüglich der Kosten für Strom, Wasser, Heizung und Nebenkosten kalkulierten wir Gesamtkosten von 350 Mark im Monat.

Trotz großer Bedenken kamen wir nach vielen Diskussionen zu dem Schluss, es wagen zu wollen. Da uns die SPD im Kreis keine finanzielle Unterstützung zusichern wollte, erklärten sich viele aktive Frauen bereit, den größten Teil der Kosten gemeinsam aufzubringen. Je nach ihren finanziellen Möglichkeiten richteten sie Daueraufträge zwischen 3 und 20 Mark im Monat ein, sodass der größte Teil der Miete gesichert war. Auch die SPD-Landtagsabgeordneten Wolfram Heyn und Hans Heimerl beteiligten sich.

Dann begannen wir mit der Renovierung der Räume. Es wurde aber nicht nur renoviert, sondern auch die notwendigen Möbel beschafft. Tische und Stühle für den geplanten Seminarraum erhielten wir aus einer Schule, die neue Schulmöbel bekommen hatte. Anderes Mobiliar fanden wir auf Flohmärkten, beim Sperrmüll oder auch im Keller der eigenen Wohnung. Viele Frauen spendeten Geschirr und Gläser und alle notwendigen Dinge für die Küche. Es dauerte über zwei Monate bis wir gemeinsam alle Räume in Stand gesetzt hatten. Das hat zwar viel Mühe und Schweiß gekostet, aber auch viel Spaß gemacht und uns persönlich einander näher gebracht.

Am 9. Juli 1977 wurde der Frauentreff mit einem großen Programm, das über eine Woche lief, eröffnet. Zu den verschiedenen Veranstaltungen kamen über 500 Frauen aus nah und fern, von denen nur ein Drittel SPD-Mitglieder waren. Es kamen aber auch viele Parteimitglieder, die die zukünftige Arbeit durch eine Geldspende unterstützten.

Während der Eröffnungswoche stellte die Malerin Louisa Biland ihre Bilder aus, was dem Ambiente der Einrichtung eine besondere Note gab.

In den verschiedenen Veranstaltungen wurden Themen wie Sozialpolitik, die Aktivitäten in der SPD, die Rechte der Frau oder Aufgabe und Verantwortung von Kunst und Literatur in dieser Zeit diskutiert. Es gab ein Diskussionsforum zur Frage, was sich die Frauen in und um Hanau vom Frauentreff wünschten und einen Informationsabend zum Thema „Frauen helfen Frauen". Einige Veranstaltungen waren so gut besucht, dass unsere Tische und Stühle nicht ausreichten. Schriftsteller und Schriftstellerinnen waren bei uns zu Gast. Die Eröffnungswoche endete mit einem großen Fest, zu dem auch Freunde und Ehemänner eingeladen waren.

Nach dem großen Erfolg fühlten wir uns, die wir mit viel Elan, aber auch mit manchen Zweifeln die Initiative für diese Einrichtung ergriffen hatten, voll bestätigt und waren alle hoch motiviert, nun auch ein Programm zu entwickeln, das den frauenpolitischen Ansprüchen dieser neuen Zeit gerecht wurde. Dazu wurde ein Arbeitspapier erstellt, das große Erwartungen weckte.

Es gab Seminare, Vorträge, Tauschmärkte und Ausstellungen. Der Verein „Frauen helfen Frauen“ wurde hier gegründet. Montags trafen sich regelmäßig alle Frauen, die an diesem Verein teilnehmen wollten, aber auch der „Verein der alleinstehenden Mütter und Väter“. Der Dienstag galt als „offener Abend“, an dem die unterschiedlichsten Probleme diskutiert werden konnten, und mittwochs tagte der Literaturkreis, der große Resonanz hatte.
Ansonsten konnten auch andere uns nahe stehenden Gruppen die Räume nutzen. So fand regelmäßig jeden Mittwoch ein Kinderkleider- und Spielzeugtauschmarkt statt, der in der Bevölkerung großen Anklang fand. Wir AsF-Frauen trafen uns auch regelmäßig, um parteipolitisch zu arbeiten und Vorbereitungen für Parteitage zu treffen. Wir bereiteten hier eine Fülle von Frauen-, Friedens- und sozialpolitischen Anträgen vor, die durchweg breite Resonanz fanden.
Im Laufe der Zeit konnten wir auch eine kleine Bibliothek mit Frauenliteratur und Informationsmaterialien über das damals neue Ehe- und Familienrecht, Wohngeld- und Verbraucherfragen anbieten.
Das alles machte viel Arbeit, und immer wieder mussten aktive Frauen gefunden werden, um Veranstaltungen vorzubereiten oder feste Dienstzeiten anzunehmen. Über einen ganzen Winter beteiligten wir uns mit Eifer an einem Seminar von Anita Schnapka, in dem das Frauenbild in der Literatur von der Bibel bis heute behandelt wurde.
Nach zwei Jahren nahm unser Höhenflug ein rasches Ende: Die Stadt wollte in dem Haus etwas umbauen und teilte uns mit, wir müssten vorübergehend Pause machen.
Der Umbau zog sich aber über Jahre hin, wir konnten unseren so mühsam erkämpften Treff nie wieder beziehen, ein großer Teil unseres Inventars und das Heizöl für die Öfen wurden gestohlen. Wir konnten uns des Eindrucks nicht erwehren, dass einigen Leuten unser Projekt so gar nicht gepasst hat.

Stadtrat Heinz Goss überreicht Ilse Werder eine Hanauer Stadtansicht für den neuen Frauentreff; Hildegard Waltemate freut sich mit. 1976

Die 68er-Bewegung und viele Reformen – auch bei uns

Isolde Reichert

Wenn ich an die Jahre zurückdenke, die wir als die 68er-Bewegung bezeichnen, so war dies eine Zeit des Aufbruchs und der Suche nach neuen Inhalten und Werten. Es war die Zeit, in der viele Menschen die Worte Willy Brandts „Wir wollen mehr Demokratie wagen" als Aufforderung zum Handeln verstanden. Auch die Frauen.

Als Elternbeirätin in den Klassen meiner drei Kinder begrüßte ich die bundesweiten Reformbewegungen besonders in der Bildungspolitik. Alle Kinder sollten unabhängig von ihrer sozialen Herkunft Chancen bekommen, die ihren Eltern durch das bestehende Schulsystem vorenthalten worden waren. Ich wurde Mitglied in der Gemeinnützigen Gesellschaft Gesamtschule und nahm Teil an deren bundesweiten Kongressen.

Als Mitglied der SPD-Fraktion im Kreistag des Landkreises Hanau habe ich die Aufbruchstimmung jener Jahre erlebt und selbst mitgestaltet. Mit dem damaligen Landrat Martin Woythal setzten wir mit großem Elan Reformen im Bildungsbereich durch und schufen auf einen Schlag acht Gesamtschulen, ein Altenzentrum in Rodenbach und ein Schullandheim im Schwarzwald. Unsere Idee von einem „Klassenlosen Krankenhaus" scheiterte am Widerstand konservativer Kräfte. Ebenso ging damals die angestrebte bundesweite Bildungsreform, die noch heute so notwendig ist, aus dem gleichen Grunde nicht in Erfüllung.

Die größte Veränderung jener Jahre wurde aber durch die neue Frauenbewegung geprägt und die energische Forderung nach Gleichberechtigung. Mit dem Aufkommen der Antibabypille wurden erstmals die damit verbundenen Fragen öffentlich diskutiert.

Die Benachteiligung der Frauen in der Gesetzgebung führte folgerichtig zum Kampf gegen den § 218, der den Abbruch einer Schwangerschaft unter Strafe stellte. Die SPD forderte – wie schon in der Weimarer Republik – Straffreiheit. In vielen Veranstaltungen und Streitgesprächen im gesamten Hanauer Raum vertrat ich die Position der Fristenlösung, die einen Abbruch ohne Angabe von Gründen bis zum dritten Schwangerschaftsmonat vorsah. Dies war in überwiegend katholisch geprägten Gemeinden nicht einfach.

Das heftige Für und Wider um den § 218 führte auch zu Fragen der Familienplanung. Mit Unterstützung der Hanauer FDP, nach mehrfachen Gesprächen mit den zuständigen Gremien der Stadt Hanau erfolgte schließlich am 16. Januar 1974 die Gründung eines pro-familia-Ortsverbandes.

Als Gründungs- und Vorstandsmitglied habe ich bei vielen Vorträgen und Gesprächen die Notwendigkeit dieser wichtigen Einrichtung erläutert. Sie war damals noch sehr umstritten. Aber zu den vielen Ratsuchenden aus der nächsten Umgebung kamen auch viele Frauen aus Bayern, weil es dort weit und breit keinen Rat gab.

In dieser sich auch ökonomisch wandelnden Gesellschaft stieg das Angebot an Waren, besonders an Haushaltstechnik. Häufig war der meist rechtsunkundige Konsument, die Konsumentin dem Markt ausgeliefert. Fragwürdige Verkaufsmethoden, wie Kaffee-Fahrten, griffen um sich.

Drei Hanauer Frauen, die Stadträtin Gertrud Steinhauser, die Journalistin Ilse Werder und ich erkannten die Notwendigkeit einer Verbraucher-Beratungsstelle in unserer Stadt, um den Bürgerinnen und Bürgern Rat und Hilfe anzubieten. Nach langen Vorarbeiten konnten wir im September 1973 die Hanauer Verbraucherberatung eröffnen, als Teil der Verbraucherberatung Hessen e.V. Die neue Einrichtung wurde von der Bevölkerung sofort gut angenommen und hat 28 Jahre eine wichtige Funktion in Hanau gehabt. Sie war unbestritten eine große Bereicherung für Stadt und Kreis.

Für mich ist sie zur Vollbeschäftigung über viele Jahre geworden. Später wurde ich Betriebsratsvorsitzende aller hessischen Beratungsstellen, eine Aufgabe, die ich gerne wahrgenommen habe.

Heute im Alter bin ich froh, dass ich die Jahre nach dem schrecklichen Krieg und besonders die Aufbruchjahre nach 1968 genutzt habe, mich einzumischen und mein Umfeld mitzugestalten.

Die kleine Hexe als Symbol - aber ...

Imke Meyer

Die brutale Verfolgung von Frauen als Hexen ordnen die meisten Menschen dem Mittelalter zu, aber sie kennzeichnet die Morgenröte der Neuzeit. Es ist nicht bekannt, wie viele Frauen gefoltert, unter Anklage gestellt und dann als „Hexen" verbrannt wurden. Die Schätzungen allerdings gehen von mehr als 100 000 Frauen – und einigen wenigen Männer – aus. Dass wir immer noch die Sprache der Täter benutzen und von Hexenverfolgung, Hexenprozessen und Hexenverbrennung sprechen, zeigt, wie wenig aufgearbeitet dieses Kapitel der christlich-abendländischen Geschichte ist. Es waren keine Hexen, auch keine Kräuterweiber, sondern ganz normale Frauen, die oft aus materiellen Gründen umgebracht wurden, denn ihr Vermögen fiel der Kirche oder den weltlichen Herrschern zu.

Die Verwendung der Tätersprache hatte zur Folge, dass auch Frauen davon ausgingen, es seien „weise" Frauen gewesen, Kräuterweiber, Hebammen, unabhängige und aufmüpfige Frauen. Und so wurde die kleine Hexe, die auf dem Besenstiel reitet, zum Symbol der neuen Frauenbewegung.

Frauenaufbruch in der evangelischen Kirche: Direkt ins Leben

Ilse Werder

Ermutigt nach allzu langem Bravsein wagten Pfarrerinnen und Frauen in ihren Gemeinden erstmals neue Wege in der Gemeindearbeit. Mut gemacht hat ihnen nicht nur die neue Frauenbewegung, die sich ab den siebziger Jahren in Hanau mit vielen munteren Aktionen und Forderungen bemerkbar machte. In der Landeskirche Kurhessen-Waldeck war bereits vorher etwas Unerhörtes passiert, das bundesweit für Schlagzeilen sorgte: Mit Elisabeth Specht wurde an der Marienkirche in Hanau die erste Pfarrerin der evangelischen Landeskirche Kurhessen-Waldeck in ihr Amt eingeführt. Natürlich nicht als „Geschenk" einsichtiger Kirchenväter, sondern nach heftigen Kämpfen der Hanauer Marienkirchengemeinde mit ihrer Obrigkeit. Immerhin hatte Elisabeth Specht als Vertreterin für einen erkrankten Kollegen das Amt der Gemeindepfarrerin bereits seit längerem zur großen Zufriedenheit der Gemeinde ausgeführt, und sie erfüllte neben dem Theologiestudium und jahrelanger Bewährung in mehreren wichtigen Fachgebieten alle formalen Voraussetzungen für dieses Amt.
Aber eine Pfarrerin hatte es noch nie gegeben! Nach vielen Bedenken und entschiedenem Druck aus Hanau änderte die Landeskirche in Kassel ihre Verfassung, ließ Elisabeth Specht ordinierte Pfarrerin werden und ahnte nicht, welches Tor sie damit aufgestoßen hatte. Dass es eine weibliche Sicht für die Ausfüllung eines solchen Amtes geben konnte, dass wache Frauen näher am Leben, auch am politischen Umfeld sein würden, dass versteinerte Rituale durch lebendiges Handeln ersetzt werden könnten und dass man auch von Hanau aus weit über den Gartenzaun schauen kann, bewiesen bald Elisabeth Specht und ihre nach und nach heranwachsenden jungen Kolleginnen. Hanau wurde zu einem Nest überaus aktiver junger Pfarrerinnen und weiblicher Gemeindemitglieder, die Glauben leben wollten.

Hanau beteiligte sich früh am alljährlichen „Weltgebetstag der Frauen". Der erste wurde 1979 in Hanau begangen und widmete sich den Frauen in Thailand. Pfarrerin Specht und Pfarrerin Gertig hielten viele grundlegende Informationen über das Leben der Frauen in Thailand bereit. Inge Rühl, eine aktive Hanauer Pfarrersfrau, war vom Weltgebetstag so stark berührt, dass sie sogar Reisen in die Länder organisierte, mit denen Gebets- und Kulturkontakte begonnen worden waren. Immer stand bei den gegenseitigen Kontakten die Lebenssituation der Frauen im Mittelpunkt.
Über die vielfältigen internationalen Aktivitäten zum Weltgebetstag hinaus, ganz besonders aber die weltweiten Kontakte von Elisabeth Specht, bemühten sich zunehmend junge Pfarrerinnen um lebendige Gemeindearbeit im Sinne freudiger Mitverantwortung und Zuwendung zu den Menschen. Als 1979 Pfarrerin Dorothea Gertig für die Frauenarbeit im gesamten Kirchenkreis Hanau zuständig wurde, blühte die Gemeindearbeit auf und rückte direkt ins praktische Leben. Bald galten Hanau und seine Frauen als beispielgebend für viele hessische Gemeinden. In sehr traditionell geführten Gemeinden kamen mitunter aber auch Ängste auf, denn es war nicht nur neu, sondern recht unbequem, gewohnte und bewährte Rituale der Gemeindearbeit durch neue Anforderungen zu ergänzen.

In Hanau wurden ab den achtziger Jahren immer wieder spezielle Frauen-Gottesdienste abgehalten, in denen so existentielle Fragen wie die Erhaltung des Friedens in der Welt Thema waren. Als in den achtziger Jahren der Weltfrieden am seidenen Faden hing, sah man Pfarrerinnen auch auf Friedensdemonstrationen, es wurden Friedensgottesdienste durchgeführt und das Thema Friedfertigkeit von Grund auf – also auch im allernächsten Umfeld – diskutiert.
Unvergessen jene ersten hessischen Frauen-Gottesdienste in Hanau, in denen dicke „Stolpersteine" in der Kirche ausgelegt waren, um die sich die Frauen meditierend, denkend, mit neuen Erkenntnissen bewegten. Pfarrerin Gertig, ganz ohne Talar, als eine von ihnen, ließ das Thema Friedfertigkeit mit all seinen Facetten

Frauengottesdienst mit Stolpersteinen, Hanau 1984

und Widersprüchen – Stolpersteinen – lebendig werden. Die alten Sitzordnungen und damit Rangordnungen waren aufgehoben, bewegende Gedanken und Anforderungen zum Gebot der Liebe kamen auf ...

Hanauer Frauen aus der evangelischen Kirche gründeten – zunächst in Großauheim – einen Dritte-Welt-Laden und betreuten ihn ehrenamtlich. Es wurden Mutter-und-Kind-Kreise ins Leben gerufen und schwierige Einzelschicksale aufgegriffen. Öffentlichkeit herzustellen erwies sich als Notwendigkeit, wenn man von Missständen erfuhr. Mehrere Kirchenfrauen beteiligten sich an den Aktionen für die Gründung einer Zufluchtsstätte für misshandelte Frauen und Kinder, und es wurde auch Öffentlichkeit gewagt, als Missstände bei befreundeten amerikanischen Familien bekannt wurden. „Es hat unsere bisher freundlichen Beziehungen zu den Amerikanern belastet, als sich herausstellte, dass einige von ihnen Dienstmädchen in absolut unwürdigen Verhältnisse beschäftigten. Aber da mussten wir uns einmischen", berichtete Dorothea Gertig, die ab 1990 für die gesamte Frauenarbeit der Landeskirche in Kassel zuständig war.
Ein weiteres ernstes Thema wurde aufgegriffen, die Prostitution, gerade weil sie zuvor weitgehend tabuisiert war. Frauen sprachen nun unter Frauen darüber, um welche Interessen es dabei ging und wie Hilfe möglich war.

Mit diesen Aktionen haben die aktiven Hanauer Kirchenfrauen ihren Leitspruch umgesetzt, dass sich die christliche Arbeit immer unmittelbar auf das Leben beziehen sollte. Sie arbeiten auch im Jahr 2011 weiterhin im Frauenplenum mit, das vom städtischen Frauenbüro initiiert wurde, und veranstalten alljährlich im November den Frauengebetstag in der Alten Johanniskirche. Sie mischen sich auch ins örtliche Geschehen ein, indem sie beispielsweise gegen Ladenöffnungen an Sonntagen argumentieren und immer wieder projektbezogene Gemeindearbeit fördern.

Viele Fraueninitiativen im Main-Kinzig-Kreis

Ilse Werder

Nicht nur Hanau war in den siebziger und achtziger Jahren frauenbewegt. In vielen Gemeinden des Main-Kinzig-Kreises entstanden in Eigeninitiative Gruppen, in denen Frauen ihre speziellen Interessen verwirklichen und Einfluss auf das öffentliche Leben nehmen wollten.
Die in Erlensee bereits über Jahrzehnte bestehende starke SPD-Frauengruppe unter Käthe Pieé und Christel Traxel bekam weiteren Auftrieb und setzte ihr Bildungsprogramm verstärkt fort.
Frischen Wind gab es auch bei den zahlreichen Landfrauengruppen, die erstmals über die haus- und landwirtschaftliche Weiterbildung hinaus auch aktuelle politische, kulturelle und wirtschaftliche Themen aufgriffen. Es gab zunehmendes Interesse und viele neue Mitglieder.
In Maintal-Bischofsheim waren es Frauen aus der evangelischen Kirche, die sich zu einem eigenen „Treff" zusammenschlossen, ebenfalls in Maintal-Wachenbuchen. In Maintal-Dörnigheim wurde von Frauen die „Hobbythek" gegründet, in der aber nicht nur gewerkelt wurde.
In Maintal-Dörnigheim initiierte Kornelia Schild-Kreuziger die „Frauenaktion 70", die sich zum Ziel gesetzt hatte, den Putz von überkommenen Institutionen und vom alten Frauenbild zu entfernen. Mit Frankfurter Frauen zusammen organisierte sie kämpferische Diskussionsabende zum umstrittenen § 218 und anderen brisanten Themen.
Auch die Maintaler Frauen in der SPD wurden munter und mischten sich erfolgreich in die Kommunalpolitik ein. Sie schafften auch die Etablierung eines eigenen Frauenbüros in der Stadtverwaltung.
Ein Kind der Frauenemanzipation war die Gründung der „Frauenselbsthilfe nach Krebs, Maintal-Hanau", die seit Jahrzehnten die Eigeninitiative von betroffenen Frauen stärkt.
Der „Frauentreff Bruchköbel", bereits 1978 gegründet, diskutierte wie der „Frauentreff Schöneck" alles, was seinen Mitgliedern auf der Seele brannte und was man gesellschaftlich geändert sehen wollte.
Auch in Nidderau trafen sich erstmals Frauen zu politisch-emanzipatorischem Gespräch. Diese Treffen führten zur Gründung einer Arbeitsgemeinschaft sozialdemokratischer Frauen (AsF), die über viele Jahre politische Aktivitäten entwickelte.
In Rodenbach und in Niederdorfelden, ja selbst im Steinauer Ortsteil Sarrod, wurden eigene Frauentreffs ins Leben gerufen. In Gelnhausen wurde ein Frauenzentrum in eigenen Räumen gegründet, das über Jahrzehnte erfolgreich Bildungsarbeit leistete. Diesen Frauen ist unter anderem das Ehrenmal für die in Hessen als Hexen ermordeten Frauen vor dem Hexenturm in Gelnhausen zu verdanken.
In Bad Orb gab es ab 1976 eine muntere Arbeitsgemeinschaft sozialdemokratischer Frauen, die bis in die achtziger Jahre Bestand hatte. In Schlüchtern schloss sich ab Mitte der achtziger Jahre eine „Unabhängige Frauengruppe" zusammen, die sich mit aktuellen wie historischen Frauenthemen, etwa der Verfolgung von Frauen als Hexen, befasste.
Im DGB-Frauenausschuss in Hanau arbeiteten zahlreiche Frauen aus dem gesamten Main-Kinzig-Kreis mit, die sich für ihre und die Rechte ihrer Kolleginnen in den Betrieben einsetzten.
Spezielle DGB-Frauenstammtische gab es außer in Hanau in Biebergemünd und Schlüchtern.
In Wächtersbach eröffnete ein Frauen-Café. Hier machten besonders die engagierten Frauen von der „Bürgerinitiative Wächtersbach", von der man sagte, sie stehe den Grünen nahe, von sich reden.
In zwei eher exklusiven Frauen-Clubs, dem Zonta-Club und dem Soroptimist-Club trafen sich Damen, die an den Problemen der Zeit interessiert waren. Sie setzen sich bis heute für Menschenrechte, Völkerfreundschaft und Hilfsbereitschaft ein und kamen aus Hanau und dem Kreis zusammen.
In Hammersbach schlossen sich 1984 Frauen zwischen zwanzig und sechzig Jahren zum Künstlerinnenbund „Guckloch" zusammen. Die gemeinsame Arbeit führte zu einem gemeinsamen Kunstwerk: In einem großformatigen Triptychon ist auf Tafeln wiedergegeben,

was jede Künstlerin zum Thema „Frau“ zu sagen hat. In Bad Soden-Salmünster etablierte sich der „Sozialdienst katholischer Frauen“, der auf vielfältige Weise Frauen in Notsituationen Hilfe leistet.
Gewandelt hat sich in den achtziger Jahren auch im Main-Kinzig-Kreis die kirchliche Frauenarbeit. Frauen gestalteten selbst den Ablauf und die Inhalte ihrer Zusammenkünfte. Sowohl in der evangelischen als auch in der katholischen Kirche waren die Stricknachmittage bei Kaffee und Kuchen und die Themenbestimmung durch den Pfarrer vorbei.

Flohmarkt Schloss Philippsruhe (rechts im Bild Elisabeth Heigl), 1977

Konjunktur für Kultur – immer mehr Frauen werden aktiv

Ilse Werder

Beflügelt von Aufbruchstimmung wurden in den siebziger Jahren immer mehr Frauen aktiv. In Hanau entstanden vier von Frauen gegründete Kunstgalerien, ein Wagnis in der bis dahin eher kunstfernen Stadt. Immer mehr Frauen sahen kulturelles Engagement als Teil ihrer politischen Arbeit an – als Mittel zu Bildungsförderung, zu einer Humanisierung des menschlichen Zusammenlebens und als Mittel eigenständige Interessen zu entwickeln und Existenzen aufzubauen.
Einrichtungen wie etwa die Elternschule der Arbeiterwohlfahrt boten unter Gertrud Steinhauser neben dem gewohnten Programm Seminare zur Geschichte der Frauenbewegung, förderten Frauen und Kinder mit Migrationshintergrund, ermutigten Frauen zur Weiterbildung, um wieder in den Beruf einsteigen zu können. Auch die Volkshochschule stellte sich auf die zunehmenden Bildungsbedürfnisse von Frauen ein, bot erstmals Kurse zur Erlangung der Hochschulreife an, die von einigen hundert Frauen – heute alle als gestandene Akademikerinnen in Amt und Würden – angenommen wurden.

Beate Thierling, Gründerin des Kunstvereins Pupille

Ilse Werder gründete zusammen mit Hubert Zilch den Hanauer Kulturverein, der „Kultur für alle" propagierte und sich auf neue Weise mit der Hanauer Geschichte beschäftigte. Beate Thierling brachte zusammen mit Künstlerinnen und Künstlern den Kunstverein „Pupille" auf den Weg, den sie seit Jahrzehnten bis heute führt und deren wichtigste Impulsgeberin sie bleibt.
Ganz energisch setzten sich ab den achtziger Jahren Frauen in der SPD für ein neues kommunales Kulturverständnis ein. Sie verlangten über einen eigenen Parteitag von den „Zuständigen" in der Verwaltung, sowohl von der Stadt Hanau als auch später vom Main-Kinzig-Kreis, ein neues Verhältnis zu kultureller Bildung. Von den SPD-Mitgliedern forderten sie die Entwicklung eines Kulturprogramms. Heidi Bär und Ilse Werder verfassten eine Denkschrift mit dem Titel „Konjunktur für Kultur" und entwickelten zusammen mit einer Arbeitsgruppe ein spezielles Konzept.
Die Frauen in der SPD gründeten in der Alfred-Delp-Straße einen eigenen Frauentreff, zu dem auch nichtorganisierte Frauen aus der gesamten Region strömten. Kunstausstellungen, Lesungen, Themenabende zur Verfolgung von Frauen als Hexen oder Jugendkriminalität (mit Eva Rühmkorf), die Etablierung einer eigenen Bibliothek und Seminare wie „Das Frauenbild in der Literatur von der Bibel bis heute", „Konkretes über das Rentenrecht" und „Familienrecht" ergänzten das Programm.
1980 zeigten die Frauen in der SPD im Baumgarten des Philippsruher Schlossparks, was sie sich unter einem kulturellen Frauenfest vorstellten: Es gab einen Kunstmarkt und viele Anstöße zu eigenen Initiativen und erstmals viele Vorschläge der Besucherinnen, was sie in der Politik besser machen würden. Es kamen Hunderte, auch Männer, auch Prominente, und es gab ein heißes Musikprogramm mit Jazz vom Feinsten.
Die Frauen in der SPD gingen also mit Eigeninitiativen in gutem Beispiel voran und luden immer wieder Schriftstellerinnen und Schriftsteller zu Lesungen und

Diskussionsabenden ein, zum Beispiel Bernd Engelmann, Horst Eberhard Richter, Ingeborg Drewitz, Saliha Scheinhard und andere. Unter der Federführung von Ilse Werder entstanden sechs Frauenbroschüren zur Kultur- und Frauenpolitik. Heidi Bär übernahm zusammen mit der Volksbühne das Programm für das neue „Kommunale Kino" und brachte Filme mit hohem Niveau nach Hanau.
Ilse Werder organisierte aus Zorn über die Gleichgültigkeit der Stadt gegenüber den Brüdern Grimm mit Unterstützung des Kulturvereins und der Brüder-Grimm-Gesellschaft in Kassel die große Ausstellung „Drei Brüder Grimm" im Goldschmiedehaus, in der erstmals auch der „Malerbruder" Ludwig Emil Grimm gewürdigt wurde. Auch im Elsass, im Hanauer Land, wurde eine ähnliche Ausstellung von ihr organisiert.
Gertrud Rosemann gründete mit Unterstützung der Stadt in Wilhelmsbad das Hessische Puppenmuseum. Liselotte Grube und Ursula Zierlinger betrieben ehrenamtlich das Hanauer Literaturtelefon und bereicherten damit die Hanauer Literaturszene.
1985 führte die Arbeitsgemeinschaft sozialdemokratischer Frauen eine besondere Ehrung für politisch und kulturell aktive Frauen ein: die „Silberne Hanauer Rose". Erika Klein engagierte sich im Papiertheater-Museum und im neuen „Gesprächskreis Kultur", der unter anderem auf Anregung von Liselotte Grube 1983 gegründet wurde und noch heute besteht. Magda Block bereicherte in der Volkshochschule, beim Kulturverein und bei vielen öffentlichen Veranstaltungen den Gedanken der Weltoffenheit und der Völkerverständigung durch die Vermittlung internationaler Folkloretänze, die Freude und Offenheit auslösen.
Der Mut und die Initiative der Frauen ermutigte auch Leute in anderen Parteien, Kirchen und Vereinen sich mehr und mehr kulturellen Initiativen zu öffnen. Die ersten Jugendmusikschulen entstanden bereits in den siebziger Jahren. Die Kulturverwaltung wurde munter, Hanau bekam in den Achtzigern mit Klaus Remer einen eigenen Kulturdezernenten, im Kreis wurde Renate Nettner-Reinsel zur Kulturbeauftragten berufen.

Gertrud Rosemann, die Mutter des Hessischen Puppenmuseums

Gründung des „Archiv Frauenleben im Main-Kinzig-Kreis"

Ilse Werder

Auf Anregung von Ilse Werder begann 1988 erstmals die Beschäftigung mit regionaler Frauengeschichte im Main-Kinzig-Kreis. In der Wanderausstellung „100 Jahre Frauenleben rund um das Kinzigtal", die von der Kreisverwaltung und zahlreichen Frauen-Verbänden unterstützt wurde, war auf Informationstafeln wie durch viele lebensnahe, praktische Gegenstände das Land- und Stadtleben, die politische Entwicklung vom Kaiserreich bis zur Zweiten Frauenbewegung und speziell das jeweils herrschende Frauenbild zwischen 1888 und 1988 dargestellt. Erstmals wurde damit das Augenmerk auf die bisher vernachlässigte Geschichte der Frauen an Main und Kinzig geworfen. Für die Initiatorin sollte diese Ausstellung überdies der erste Schritt zur Etablierung eines „Archiv Frauenleben" werden, dessen Aufgabe es sein sollte, den Anteil der Frauen an der wirtschaftlichen, sozialen und kulturellen Entwicklung der Region zu dokumentieren. Mit der Ausstellung, die über mehrere Monate im gesamten Kreis gezeigt wurde, und dem von Ilse Werder geschriebenen Begleitbuch gelang es, die nötige Aufmerksamkeit für das Projekt herzustellen und bald mehrere Städte und Gemeinden und viele private Mitglieder für eine offizielle Vereinsgründung zu gewinnen.

Ilse Werder konnte dazu ihre eigene Sammlung von Gegenständen, Dokumenten und einigen hundert Zeitungsausschnitten zur Verfügung stellen. Mit diesem Grundstock und der großen Presseresonanz für die Wanderausstellung wurde das Archiv gegründet, das sich zu einer angesehenen Institution mit großen Beständen und einer beachtlichen Fachbibliothek entwickelt hat.

Die Mitarbeiterinnen des Archivs, die inzwischen mit dem gesammelten Material und zusätzlichen Recherchen zehn Bücher veröffentlicht haben, konnten dies allerdings nur durch ehrenamtliche Leistungen verwirklichen. Die Beiträge der Mitglieder und die vielfache, vor allem auch räumliche Unterstützung durch den Main-Kinzig-Kreis dienten und dienen ausschließlich der Bewältigung der Sachkosten.

Als engagierte Unterstützer bei der Gründung des Archivs müssen Landrat a.D. Karl Eyerkaufer und die Kulturbeauftragte des Kreises Renate Nettner-Reinsel genannt werden.

Auch die Städte Hanau, Maintal und Langenselbold und die Gemeinde Rodenbach waren von Anfang an dabei, es folgten später Nidderau, Hammersbach, Wächtersbach, Brachttal und zuletzt Gelnhausen.

Buchveröffentlichungen des Archiv Frauenleben:

Ich war eine Naive. Ein Hanauer Frauenleben 1914–1989, Hanau 1991
Frauen in Schlüchtern: damals und heute, Schlüchtern 1993
Frauen machen sich auf den Weg: Eine Dokumentation zur Geschichte der Frauen in Maintal, Hanau 1994
Künste, Kämpfe, Kompetenzen – Frauen einer Region, Hanau 1994
Frauen in den Gewerkschaften 1945–1997, Hanau 1998
Hexenwahn und Teufelswerk – Eine Region im Blickfeld, Hanau 2002
Sie war eine von uns – Erinnerungen an Ilse Wolf, Hanau 2005
Hanau weiblich – Ein Lesebuch, Hanau 2006
Blauer Dunst und flinke Finger – Der Tabak und die Zigarrenmenscher an Main und Kinzig, Hanau 2009

Archiv Frauenleben im Main-Kinzig-Kreis e.V.
Barbarossastraße 16–18
63571 Gelnhausen
Tel.: (06051) 85 14 504
Email: rotraud.schaefer@mkk.de
Konto: Sparkasse Hanau, Kontonummer 307686, Bankleitzahl 506 500 23

Aufbaujahre im Archiv Frauenleben

Gleichstellung in Ländern und Kommunen

Ilse Werder

Auch in Hanau und im Main-Kinzig-Kreis verlangten Frauen Einrichtungen, die ihre Interessen vertraten. Seit 1968 hatte die neue Frauenbewegung überall im Land aufgelistet, wo Frauen benachteiligt wurden, konkret hatte sich aber wenig verändert.
Nach Eva Rühmkorf, an deren Etablierung als erster deutscher Frauenbeauftragter die Hanauer Journalistin Ilse Werder durch einen persönlichen Brief an den damals frisch gewählten Ersten Bürgermeister Hamburgs, Hans-Ulrich Klose, mitwirken konnte, war der Sturm im ganzen Land nicht mehr aufzuhalten. Ellen-Gisela Wolf übernahm in Wiesbaden die gleiche Funktion in der Hessischen Landesregierung, nachdem Frauen auf den Ministerpräsidenten Holger Börner und die SPD-Landtagsfraktion erheblich eingewirkt hatten. Als erste Großstadt in Hessen berief Kassel 1984 Barbara Stolterfoth in das neue Amt, sie wurde später Frauen- und Sozialministerin in Hessen.

In Hanau und im Main-Kinzig-Kreis waren es, wie auch in Bund und Land, SPD-Frauen, die sich vehement gegen die permanente Schlechterstellung von Frauen in allen Lebensbereichen einsetzten und das Amt der Frauenbeauftragten vorbereiteten.
Besuche der Hanauer Aktivistinnen bei Ellen-Gisela Wolf in Wiesbaden, Nachfragen in anderen Bundesländern und Landkreisen, eine Einladung an die Kasseler Frauenbeauftragte nach Hanau, Entwürfe für ein eigenes Konzept und immer wieder mühselige Überzeugungsarbeit bei den „regierenden" Kommunalpolitikern waren notwendig, um die Voraussetzungen für entsprechende bindende Beschlüsse der Gremien zu erreichen.
Wie zu erwarten, gab es auch Hohn und Spott von interessierter Seite, und es gab auch Kommunalpolitikerinnen, die übereifrig ihren Kollegen versicherten, keine Emanzen zu sein.
Manche führenden Kommunalpolitiker zeigten sich äußerst besorgt, wohin eine so nie da gewesene Entwicklung führen solle. Und als über Kompetenzen, einen Jahresetat, über Gehälter und die Stellung der Frauenbeauftragten innerhalb der Verwaltung geredet werden musste, wurden ihre Sorgen bleischwer. Die Aktivistinnen in Stadt und Kreis nahmen ihnen jedoch viel Vorarbeit ab. Sie informierten über die Einstellungsverträge in vergleichbaren Kommunen und halfen bei der Formulierung der notwendigen Stellenausschreibungen, sogar bei der Vorauswahl der zahlreichen Bewerberinnen.
Unterstützung kam von den Grünen im Kreistag, während es bei den konservativen Parteien viele Bedenkenträger gab. Und so dauerte es bis zum 2. Dezember 1987, bis im Hanauer Landratsamt die ersten beiden Frauenbeauftragten, die den Main-Kinzig-Kreis und die Stadt Hanau betreuen sollten, begrüßt werden konnten. Die Verwaltungsspitzen hatten sich auf ein gemeinsames Frauenbüro verständigt und als erste Frauenbeauftragte Regina Weineck und Margret Schulz eingestellt. Bei ihrem Dienstantritt fand sich zur Begrüßung nur die Grüne Heidi Bauer ein, die für den Frauenausschuss des Kreistages Blumen und gute Wünsche bereithielt. Ansonsten herrschte größte Zurückhaltung.
Die beiden Frauenbeauftragten, die später noch durch Monika Vogel ergänzt wurden, hatten in Hanau ein Gebiet von über 80 000, im Kreis von über 360 000 Einwohnern zu betreuen.

In allen Städten setzten sich Frauen dafür ein, dass die Stelle einer Frauenbeauftragten geschaffen würde. Und sie hatten Erfolg. Die Hessische Gemeindeordnung (HGO) und Hessische Kreisordnung (HKO) wurden geändert. Im Artikel 4b heißt es: „Die Verwirklichung des Verfassungsauftrages der Gleichberechtigung von Frau und Mann ist auch eine Aufgabe der Gemeinden. Durch die Einrichtung von Frauenbüros oder vergleichbare Maßnahmen wird sichergestellt, dass die Verwirklichung dieses Auftrages auf der Gemeindeebene erfolgt. Dieser Aufgabenbereich ist von einer Frau wahrzunehmen und in der Regel einem hauptamtlichen Wahlbeamten zuzuordnen." Damit wurde im Hanauer Rathaus eine eigene Stelle einge-

richtet. Trotzdem blieb das Arbeitsfeld so umfangreich, dass die Arbeit kaum zu bewältigen ist. Denn nahezu in allen gesellschaftlichen Bereichen gibt es Handlungsbedarf. Vor allem die Haltung, dass man „dafür jetzt ja die Frauenbeauftragte habe" ist typisch für viele Führungskräfte, sich aus der Verantwortung zu ziehen und nicht selbst den gesetzlichen Auftrag nach Gleichberechtigung von Männern und Frauen anzunehmen. Gleichzeitig war die Abwehr und der Widerstand gegenüber den Frauenbeauftragten immens.
Die erste hessische Frauenbeauftragte und spätere Sozialministerin Barbara Stolterfoth gab dann auch den Rat an ihre Nachfolgerinnen, die Tätigkeit der Frauenbeauftragten nicht länger als fünf Jahre auszuüben, da sie mit erheblichen psychischen Belastungen verbunden ist.

1993 trat das Hessische Gleichberechtigungsgesetz in Kraft, das für den öffentlichen Dienst strukturelle Veränderungen erwirken sollte. Die Widerstände gegen diese Veränderungen hat der Gesetzgeber vorausgesehen und mit dem Gesetz ebenfalls verfügt, dass für die interne Arbeit eine Frauenbeauftragte zu benennen sei, die die Einhaltung des Gesetzes überwache.
Im Main-Kinzig-Kreis wurde 1987 ein Frauenbeirat eingerichtet, in Hanau 1995 das Frauenplenum. In beiden Gremien arbeiten Frauen aus allen frauenrelevanten Gruppierungen und Verbänden, Kirchen, Gewerkschaften, Parteien und Frauenclubs mit, um die kommunale Arbeit zu vernetzen und Fraueninteressen besser durchsetzen zu können. Die Frauenbeauftragten sind so ein Teil der neuen Frauenbewegung geworden.

Nachruf auf Conny Keber

Eine engagierte Streiterin für Fraueninteressen in unserer Region hat uns allzu früh verlassen: Conny Keber. Engagiert bei den Autonomen Frauen in Großauheim, war sie von Anfang an dabei, als in den siebziger Jahren in und um Hanau Frauen zur Wahrung von Fraueninteressen zusammen zu arbeiten lernten. Conny Keber war Mitbegründerin und Mitarbeiterin des Vereins „Frauen helfen Frauen" und später Frauenbeauftragte des Main-Kinzig-Kreises. Sie hat nahezu dreißig Jahre lang in Hanau und im Main-Kinzig-Kreis Frauen und Mädchen in Notsituationen geholfen und sich für ihre Rechte eingesetzt.
Am 1. Mai 2009 ist Conny Keber im Alter von nur fünfzig Jahren verstorben. Sie bleibt den Frauen der Region in lebendiger Erinnerung.

Die frauenbewegten wilden Siebziger

Ruth Defoy

Am 8. März 1973 habe ich morgens um 2 Uhr im Hanauer Stadtkrankenhaus meinen Sohn geboren. Den Wettlauf mit der Zeit um das für uns bemerkenswerte Datum 7.3.73 hatte ich um zwei Stunden verloren, aber dafür beglückwünschte mich meine Schwester am frühen Vormittag zum Internationalen Frauentag mit den Worten, dass ich zum richtigen Datum den urweiblichsten Akt vollbracht habe. Mit der Post kam wenige Tage später als Geschenk für das Baby eine Radierung mit dem schönen Gedicht von Nazim Hikmet, dass die Zukunft der Erde den Kindern gehöre, und es gab ein Frauenplakat für mich, das der Rest der Familie „shocking" fand. Vor knallrotem Hintergrund sind darauf drei schöne, junge Frauen in traditionell-folkloristischer Tracht zu sehen, eine Asiatin, eine Afrikanerin und eine Indianerin. Bewaffnet und mit entschlossenen Mienen halten sie sich an den Händen.

Symbolisch und plakativ propagierte das Poster die Rolle der Frauen in den Befreiungsbewegungen der damaligen Zeit. Widerstand gegen den US-Imperialismus in Vietnam, gegen Apartheid in Südafrika und für die Bürgerrechtsbewegung in den USA.

Das Plakat, das zwei Dekaden lang in meinem Arbeitszimmer hing, hat immer sehr zwiespältige Gefühle und Gedanken in mir geweckt. Nostalgische, weil es mein Geburtstagsgeschenk gewesen ist, sympathisierende, weil ich weiß, dass es ohne den militanten Beitrag von Frauen viele gesellschaftliche Veränderungen nicht gegeben hätte, etwa in der Sowjetunion, in China, im spanischen Bürgerkrieg, beim antifaschistischen Widerstand oder bei den „black panthers". Und es löste distanzierende Emotionen aus, weil ich mich als Pazifistin begreife und Waffengewalt für mich nicht in Frage kommt.

Zurück zu meinem historischen 8. März-Erlebnis. In den nachfolgenden Jahren vollführte ich einen Spagat, um beiden Festtagen gerecht zu werden. Zwischen 5 und 6.30 Uhr morgens verteilte ich vor dem Werkstor der Firma Dunlop rote Nelken an die Mitarbeiterinnen, um sieben Uhr dann Geburtstagsfrühstück und Bescherung für den Sohn, nachmittags Kaffeetafel mit den Großeltern und Tanten und abends Frauentagsfete. Zum Entsetzen einiger verlegten wir die große Kindergesellschaft auf das darauffolgende Wochenende. Mit verständnisvoller Unterstützung des Kindsvaters hat das aber immer reibungslos geklappt.

Für mich und viele meiner Freundinnen reichte es nicht aus, in nur einer Frauengruppe zu sein, denn nur selten konnte eine Gruppierung alle Bedürfnisse nach politischer Aktion, nach historischer Aufarbeitung und Theorie sowie nach Selbsterfahrung erfüllen.

Aus dem Grund gehörte ich dem Verein „Frauen helfen Frauen" an, der sich die Aufgabe gesetzt hatte, das erste Hanauer Frauenhaus zu eröffnen. Er deckte den pragmatisch-politischen Part ab. Zu meinen besten Erinnerungen gehört, wie wir, Autonome Frauen, AsF- und DKP-Genossinnen, gemeinsam das von der Stadt zugesprochene Haus entrümpelten und renovierten. Der ungebrochene Elan der – aus meiner damaligen Sicht – älteren Frauen hat mir sehr imponiert. Keine ist vor schwerer, manchmal eklig-dreckiger Arbeit zurückgeschreckt. In einer Mixtur aus Trümmerfrau-Elan, hessischem „Frau Strubbelig-Frau Babbisch-Humor" und neuem „Keiner schiebt uns weg"-Mumm gaben sie das Tempo vor und verbreiteten Optimismus.

Die Themen Aufarbeitung der Geschichte der Frauenunterdrückung, Emanzipationsbestrebungen, bürgerliche und proletarische Frauenbewegung, internationale Entwicklungen bearbeiteten wir in der DKP-Frauengruppe FRAK (Kurzform für Frauenarbeitskreis). Hier wurden wir besonders skeptisch von den orthodox geschulten Genossen beäugt, waren sie doch davon überzeugt, dass der Nebenwiderspruch der Frauenunterdrückung sich automatisch lösen werde, wenn der Hauptwiderspruch der Klassengesellschaft beseitigt sei.

Mit der Sponti-Forderung „Wir wollen alles und das sofort" und mit dem Slogan „Mit Marx und Emma zu neuem Denken" widersetzten wir uns der Doktrin.

Wir studierten die Schriften von Alexandra Kollontai, wir recherchierten die Auftritte von Clara Zetkin und

Rosa Luxemburg in unserer Stadt, wir kreierten aus den aufgefundenen Dokumenten sogar einen Agit-Prop-Sketch. Wir verschlangen Bücher über Spanienkämpferinnen und Antifaschistinnen, wir hörten und organisierten Vorträge von Widerstandskämpferinnen wie der Frankfurterin Lore Wolf und entwickelten ein eigenes Kommunalwahl-Programm mit Frauenforderungen. Wir ließen uns sogar gemeinsam auf einem großen Hexenbesen reitend ablichten.
In der Demokratischen Fraueninitiative (DFI) vereinigten sich Selbsterfahrung mit streitlustigem Austausch über feministische Lektüre. Der DFI verdanke ich unsere frechste Demo-Erfahrung. Unter dem Motto „Nicht Blumen, Rechte fordern wir" riefen wir die „Aktion Muttertag" aus. Den Sprüchen „Wir kochen schon lange, am Samstag machen wir einen Auflauf" und „Wir machen Putz, Du auch?" folgten Zehntausende Frauen und dekorierten die Bundeshauptstadt Bonn mit BHs aller Größen und mit Kunstwerken aus Diaphragmen, Putzeimern und Schrubbern. Die Protestaktion „Frauen in die Bundeswehr – nein danke" waren um einiges ernsthafter, aber nicht weniger effektvoll.

Der DFI-Frauenkalender, dessen erstes Titelbild meine Schwester entworfen hat, hat mich noch bis in die neunziger Jahre begleitet, und die DFI-Jutetasche mit dem nämlichen Emblem war mein erster Stoffbeutel. In unserer Gruppe konnten wir nicht nur globale und nationale Probleme ansprechen, sondern auch ganz persönliche. Erinnert Euch! Es war die Zeit der lila Latzhosen, der selbstgestrickten Pullis, der pink und aubergine gefärbten Windeln, die wir gegen Fatah-Tücher eintauschten.
In dieser Zeit sollte meine Tochter eingeschult werden. Ich fiel aus allen Wolken und in tiefe Selbstzweifel, als sie verkündete, sie wolle an ihrem ersten Schultag in einem rosa Dirndl mit weißer Schürze antreten. Ein Dirndl war für mich der Inbegriff eines bieder-reaktionären Kleidungsstücks! Ich hatte keine Ahnung, wie die Sechsjährige auf diese Idee kam. Aber die Großmutter setzte sich bereitwillig an die Nähmaschine und erfüllte der Enkelin den Herzenswunsch. Die Freundinnen rieten mir zu Gelassenheit und Toleranz und versicherten mir, keine groben Erziehungsfehler begangen zu haben. Am Einschulungstag war das Wetter schließlich so hochsommerlich heiß, dass meine Tochter ein lustiges Flitterflatter-Kleidchen dem Dirndl vorzog.
Da ich nun schon aus dem Nähkästchen plaudere, zum Schluss noch eine Anekdote von meinem Sohn aus damaliger, sexuell aufgeklärter Zeit. Offenheit bestimmte alle Bereiche, auch die intimen. Eines Tages hörte mich der Dreikäsehoch im Badezimmer unwirsch werden, weil ich unvorhergesehen meine Periode bekommen hatte. Betroffen kam er hereinspaziert und fragte: „Mama, soll ich Dir ein Damenzäpfchen bringen?" Sein Mitgefühl und seine Wortschöpfung für ein Tampon fand ich so rührend, dass aller Frust verflog.

Die Parole „Wir wollen alles und das sofort" war ein Selbstanspruch. Wie meine Weggefährtinnen war ich nicht nur berufstätig, frauen- und friedensbewegt, sondern auch eine engagierte, nicht restriktiv erziehende Mutter und Hausfrau. Aber die vielen Aktivitäten hatten auch ihre Schattenseiten. Eine begnadete Köchin war ich nie und so griff ich gern mal zu gefrostetem Gemüse oder tiefgefrorenen Kartoffelpuffern. Als die Grundschullehrerin meiner Tochter einmal fragte, wie sich die Frauenbewegung auf die häusliche Rollenverteilung auswirke und wer bei uns zu Hause koche, sagte meine Süße: „Meine Mama taut immer auf." Ihr Ausspruch ist bis heute ein „running gag" in der Familie.

Von den Frauenproblemen, die uns damals auf der Seele brannten, sind immer noch horrend viele brennend aktuell – und neue sind hinzugekommen. Immerhin eines hat sich für mich in Wohlgefallen aufgelöst: Seit zehn Jahren bekocht mich der Mann meines Herzens täglich, und er überrascht mich dazu noch mit immer neuen Kreationen. Die Rolle der Kaltmamsell oder, wie man in Amerika sagt, der „salad lady" übernehme ich mit Vergnügen.

Zur Quote – Ein wirksames Instrument wird diffamiert

Imke Meyer

Nachdem Frauen festgestellt hatten, dass sie bei der Besetzung von Gremien oder Wahllisten nicht berücksichtigt wurden, trotz oft höherer Qualifikation, forderten als erstes grüne Frauen in den achtziger Jahren eine Quote. Denn es war deutlich geworden, dass Männer nicht nur gute Seilschaften hatten, sondern außerhalb der offiziellen Strukturen, zum Beispiel abends beim Bier in der Kneipe, Personalentscheidungen trafen, bei denen Frauen nicht zugegen und damit ausgeschlossen waren. So fanden sich auf den vorderen, aussichtsreichen Plätzen der Wahllisten oft nur Männer, während Frauen auf den hinteren Plätzen kandidierten.
Als erste Partei führten die Grünen das Reißverschlussprinzip ein, nach dem jeder zweite Platz mit einer Frau besetzt wurde, beginnend mit Listenplatz 1. Die SPD führte eine Quote entsprechend des Frauenanteils in ihrer Partei ein, „Die Linke" eine Quote entsprechend der Regelung der Grünen.
Bei keiner anderen Maßnahme zur Gleichberechtigung von Frauen gelang es den Männern (und einigen Frauen) so effektiv, eine Regelung zu diskreditieren. Es wurde kolportiert, dass die Quote dazu führe, weniger qualifizierte Frauen gegenüber besser qualifizierten Männern Positionen zu verschaffen. Denn wenn eine Frau qualifiziert sei, würde sie es auch schaffen, sich ohne Hilfe gegenüber Männern durchzusetzen. Damit wurde weiter das „Old Boys Network" verschleiert, bei dem die männlichen Eliten stets unter sich bleiben. Besonders krass ist dies in der Finanzbranche, allgemein im Top-Management der Wirtschaft und natürlich in Parteien wie FDP, CDU und CSU, die bis heute die Quote ablehnen. Besonders augenfällig sind die Auswirkungen bei der hessischen FDP, in deren Landtagsfraktion in der Legislaturperiode 2009 bis 2013 keine Frau ein Mandat besitzt (ausgenommen die Kultusministerin Dorothea Henzler, die ihr Landtagsmandat behalten hat).

Merke: Quote heißt nicht Platz schaffen für dumme Frauen, sondern qualifizierten Frauen den Platz geben, den sonst Männer unabhängig von ihrer Qualifikation einnehmen würden.

Was noch zu erledigen wäre

Imke Meyer

Die Frauenbewegung hat viel erreicht. Die heute geradezu grotesk anmutenden Regelungen und Gesetze, die zur Benachteiligung und offenen Diskriminierung von Frauen führten, sind vom Tisch. In einigen Bereichen, wie in der Bildung, haben Frauen nicht nur aufgeholt, sondern die Männer überholt. Sechzig Prozent der Studierenden sind heute Frauen, 1968 waren es weniger als dreißig Prozent.
Trotzdem sah sich der Bundestag 1993 verpflichtet, dem § 3 zur Gleichberechtigung den Zusatz zu geben: „Männer und Frauen sind gleichberechtigt. Der Staat fördert die tatsächliche Durchsetzung der Gleichberechtigung von Frauen und Männern und wirkt auf die Beseitigung bestehender Nachteile hin."
Exemplarisch soll auf einige noch bestehende Benachteiligungen hingewiesen werden: Obwohl Frauen Männer in der Bildung seit einigen Jahren überholt haben, sind im Lehr- und wissenschaftlichen Bereich die Defizite überdeutlich: Im Jahr 2000 wurde der Lehrstuhl für Gynäkologie zum ersten Mal an eine Frau vergeben. Beschämend ist, dass an den Hochschulen der Anteil von Professorinnen immer noch nur zwölf Prozent ausmacht. Strukturelle Veränderungen des Wissenschaftsbetriebs und eine Quotenregelung, die dazu beiträgt, Seilschaften zu kappen, würden helfen, qualifizierten Frauen eine Hochschullaufbahn zu ermöglichen.

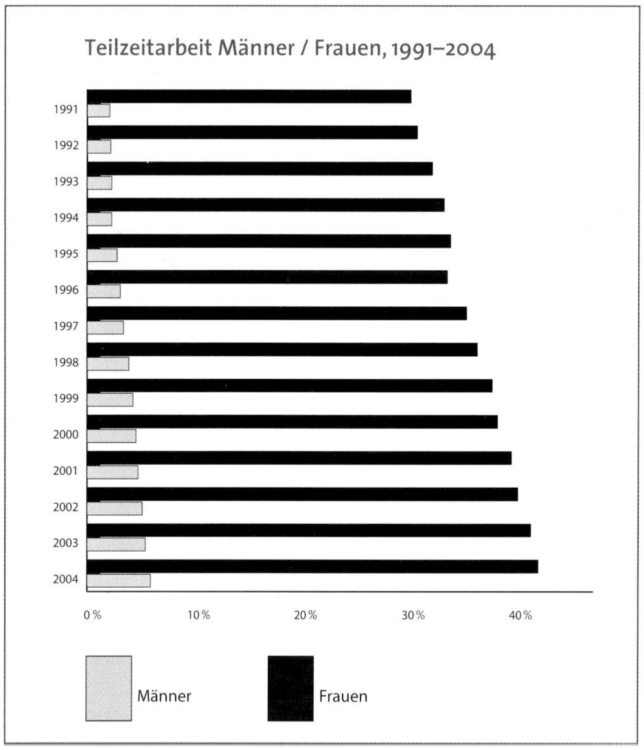

Das Familienbild mit dem Mann als Ernährer und der Frau als Mutter und Hausfrau verliert zwar an Bedeutung, wurde aber abgelöst von einem Modell des Ernährers mit der Frau als Zuverdienerin. Die Arbeitsteilung in der Familie und auf dem Arbeitsmarkt bleibt damit ein zentrales Problem der Geschlechterfrage.
Zwar sind inzwischen 66 Prozent der Frauen berufstätig, aber der Anteil an Teilzeitbeschäftigten und Frauen in prekären Arbeitsverhältnissen ist stetig gestiegen, so dass ihre Erwerbstätigkeit oftmals nicht zur Existenzsicherung reicht.
Das heißt, eine eigenständige Existenzsicherung ist für nahezu fünfzig Prozent der Frauen nicht gewährleistet. Dies wirkt sich vor allem bei Trennung und Scheidung extrem negativ aus. Das Bundesteilzeitgesetz, nach dem viele Frauen ihre Arbeitszeit reduzieren, sieht kein Recht auf Wiederaufstockung der Arbeitsstunden vor, wenn etwa der Betreuungsbedarf der Kinder nicht mehr vorhanden ist oder die Familiensituation sich geändert hat und die Frau zur Alleinernährerin der Familie geworden ist.
Die Politik reagiert widersprüchlich auf die gesellschaftliche Entwicklung: Einerseits hält sie am Ehegattensplitting fest, das ein traditionelles Familienmodell unterstützt. Das Gleiche gilt für das Betreuungsgeld, das Familien – Frauen – gezahlt wird, die ihre Kinder, statt sie in eine Kindertagesstätte zu geben, selbst betreuen. Andererseits sieht das neue Unterhaltsrecht eine Berufstätigkeit der Frau ab dem dritten Lebens-

jahr des Kindes vor (Ausnahmen können vom Gericht im Einzelfall festgelegt werden). Der Wiedereinstieg in den erlernten Beruf allerdings ist oftmals nicht möglich, da die Qualifikation nach einigen Jahren nicht mehr den sich ständig verändernden Anforderungen entspricht. Ein Indikator hierfür ist die Armut unter Alleinerziehenden, denen, obwohl gut qualifiziert, der Wiedereinstieg in den Beruf oftmals nicht gelingt.

Gehaltsunterschiede

Skandalös ist der fortwährende Gehaltsunterschied zwischen Männern und Frauen, dem „gender pay gap". Er beträgt im Jahr 2010 in Deutschland 23 Prozent. Damit liegt Deutschland im Vergleich mit anderen EU-Staaten an 24. Stelle. Nur in Österreich, Estland und der Tschechischen Republik klaffen die Löhne und Gehälter zwischen Frauen und Männern noch weiter auseinander. Ursachen sind die mangelnde Vereinbarkeit von Beruf und Familie, die geringere Bezahlung in sogenannten frauentypischen Berufen (Beispiel Altenpflege), eine überproportionale Betätigung von Frauen im Niedriglohnsektor, aber auch die ungleiche Entlohnung von Frauen und Männern in genau denselben Berufen. Hinzu kommt „die gläserne Decke", die Frauen einen beruflichen Aufstieg verwehrt. In Aufsichtsräten ohne Mitbestimmung gibt es lediglich 2,6 Prozent Frauen. In allen Aufsichtsräten zusammen beträgt der Frauenanteil 11,7 Prozent, knapp achtzig Prozent davon sind Arbeitnehmervertreterinnen.
Gewerkschaften wie auch Frauenverbände, Parteifrauen und Frauenbeauftragte fordern seit langem eine Abschaffung der Lohndiskriminierung und eine Neubewertung der Berufe, die als typisch weiblich gelten. Und es muss ein Recht auf Aufstockung der Arbeitszeit nach dem Bundesteilzeitgesetz eingeführt werden, wenn sich die Familiensituation für Frauen verändert hat.
Die Einführung eines Mindestlohns ist ebenfalls notwendig, damit Frauen von ihrer Arbeit leben und ihre Existenz eigenständig sichern können.

Um Frauen und Männern gleichermaßen zu ermöglichen, Familie und Beruf zu vereinbaren und eine zufriedenstellende Situation in beiden Lebensbereichen herzustellen, ist die Verringerung der allgemeinen Vollzeit für Frauen und Männer zu erwirken. Gleichzeitig muss die Politik handeln und ein Gleichberechtigungsgesetz für die Wirtschaft einführen, da freiwillige Verpflichtungen keine Resultate gezeigt haben, und sie muss, wie in anderen Ländern bereits vorgemacht, eine Quotierung bei Aufsichtsräten vornehmen.
Abgeschafft werden müssen das Ehegattensplitting und das Betreuungsgeld. Beide Maßnahmen verfestigen traditionelle Rollenmuster.

Gewalt

Gewalt gegen Frauen in Paarbeziehungen ist auch heute noch ein gesellschaftliches Problem. Zwar hat die Frauenbewegung erreicht, dass dieses Thema weniger tabuisiert ist. Im Zentrum der öffentlichen Diskussion steht aber lediglich die Gewalt in Familien mit islamischem Glauben. Eine Feinstudie, die das Bundesministerium für Familie, Jugend, Frauen und Senioren herausgegeben hat („Gewalt in Paarbeziehungen", Berlin 2009), zeigt jedoch auf, dass diese Klischees nicht stimmen, Gewalt in islamischen Familien nicht öfter stattfindet als in christlich geprägten oder atheistischen. Tabuisierter denn je ist aber die Gewalt in der Mittel- und Oberschicht. Dabei haben 35 Prozent der Täter einen hohen bis höchsten Bildungsabschluss, es gibt mehr Gewalt bei Paaren mit mittlerem und hohem als mit geringem Einkommen, und Frauen zwischen 45 und 55 Jahren mit hohem und höchstem Bildungsabschluss erfahren öfter Gewalt als Frauen mit geringer Bildung. Für diese (deutschen) Frauen ist es noch schwerer zu bekennen, dass sie von ihrem (deutschen) Mann geschlagen werden und sich Hilfe zu holen.
Daher ist auch in Zukunft von höchster Bedeutung, diese Tatbestände aus der Tabuzone herauszuholen, Gewalt gegen Frauen öffentlich zu machen und einen

Opferschutz zu gewährleisten. Gleichzeitig muss die Arbeit mit den Tätern verstärkt werden.
Es muss eine Arbeit mit Jungen entwickelt werden, die das Männlichkeitsbild hinterfragt. Gewalttätigkeit sollte nicht als männlich gelten, sondern vor allem als ein Ausdruck von Schwäche definiert werden. Grundsätzlich muss Gewalt geächtet werden.
Schließlich ist zu bedenken, dass in der Mehrheit der Gewalttätigkeiten eine Verknüpfung von körperlicher und sexueller Gewalt vorliegt. Die Darstellung von Frauen als Sexualobjekt vor allem in der Werbung und der freie Zugang zu Pornofilmen über das Internet verschärfen die sexuell-gewalttätige Haltung von Männern gegenüber Frauen, wenn in der Ursprungsfamilie und in der Jugend ein respektvoller Umgang mit Frauen nicht erfahren wurde.

Gender Mainstreaming

Die konsequente Anwendung von „Gender Mainstreaming" macht Defizite in allen gesellschaftlichen Bereichen sichtbar. Sei es in der Politik, den Medien, in der Kultur, der Wissenschaft wie auch im Gesundheitswesen, überall finden wir eine Unterrepräsentanz von Frauen in der Beteiligung und der Darstellung ihrer Leistungen. Männer verteidigen ihre Privilegien und werden darin von einigen Parteien unterstützt. Von daher ist höchste Achtsamkeit geboten, wenn aus diesen Reihen das Herz für die Gleichberechtigung entflammt und Einwanderer vehement aufgefordert werden, die Gleichberechtigung nicht zu missachten. Männer, die sich zuvor gesperrt haben, die Vergewaltigung in der Ehe endlich als Straftat anzuerkennen, zeigen mit dem Finger vorzugsweise auf Familien, die dem Islam angehören. Dies trifft vor allem wieder die Frauen, die erkennbar durch ihr Kopftuch sehr oft weder einen Ausbildungsplatz noch eine Arbeitsstelle erhalten. So wird ihnen die Voraussetzung genommen, sich aus der Abhängigkeit zu befreien. Abgesehen davon, dass nicht jede Frau, die ein Kopftuch trägt, unterdrückt ist, und nicht jede deutsche Frau, die kein Kopftuch trägt, selbstbestimmt leben kann, macht die Gesellschaft Musliminnen durch diese Diskriminierung tatsächlich zu Opfern. Während barttragende gläubige Männer Busfahrer werden dürfen (was ja auch korrekt ist!), wird eine Frau mit Kopftuch nicht eingestellt.
Es ist an der Zeit, dass wir Frauen uns solidarisieren und nicht selbst noch zur Diskriminierung beitragen. Frauen müssen sich gemeinsam gegen private und öffentliche Diskriminierung wehren – egal, woher sie kommen und egal, was sie auf dem Kopf tragen! So will es das Grundgesetz, und so sind auch die Ziele der Frauenbewegung zu verstehen. Es ging nie einfach nur um eine formale Gleichberechtigung – die Hälfte der Arbeit, die Hälfte der Macht –, sondern es ging auch immer um die Hälfte des Himmels, also um eine Gesellschaft, in der Frauen wie Männer selbstbestimmt in Freiheit und sozialer Absicherung leben können.

Frauen aller Länder und aller Religionen, solidarisiert Euch!

Transparent, gemalt von Jugendlichen des Kreativ-Cafés des Jugendbildungswerks Hanau, 2011

Drei Schritte vor – zwei zurück

Würfelspiel zur Ausstellung „Das Private ist politisch!
Die Frauenbewegung nach 1968 in Hanau Stadt und Land"

1911
1. Internationaler Frauentag
Erstmals kämpfen Frauen über die Landesgrenzen hinaus gemeinsam für einen gerechten Lohn und für das Wahlrecht für Frauen.
Weiter bei 1919!

1919
Mit der Weimarer Verfassung erhalten Frauen erstmals das aktive und passive Wahlrecht. Acht Prozent der Abgeordneten im ersten Reichstag waren Frauen. Artikel 109 der Weimarer Verfassung lautete: „Männer und Frauen haben grundsätzlich die gleichen staatsbürgerlichen Rechte und Pflichten."
Gehe fünf Schritte weiter!

1933
Die Ideologie der seit 1933 herrschenden Nationalsozialisten schickte Frauen wieder in jene Bereiche der Gesellschaft zurück, die ihnen, wie es damals hieß, „wesensgemäß" waren. Das bedeutete: zurück zu Heim und Herd. Das hieß: kein Recht mehr auf Bildung und die totale finanzielle Abhängigkeit vom Mann.
Gehe auf 1911 zurück

1945
Der 8. Mai 1945 ist ein Tag der Befreiung. Die Welt kann aufatmen. Deutschland hat endgültig kapituliert. Befreit vom Faschismus sind nicht nur die Länder, die von Deutschland überfallen wurden und die Jüdinnen und Juden, die den Holocaust überlebten, sondern auch alle Menschen, die in Deutschland unter grausamen Bedingungen in Konzentrationslagern, Zuchthäusern und Gefängnissen gefangen gehalten wurden. Befreit sind alle Demokratinnen und Demokraten, die im Widerspruch zum System gestanden haben. Es brauchte eine lange Zeit, bis die Mehrheit der Deutschen den 8. Mai nicht als Niederlage, sondern als Tag der Befreiung empfand.
Gehe fünf Schritte nach vorn!

1949
Elisabeth Selbert gelingt es, mit Unterstützung der Frauen im ganzen Land, die uneingeschränkte Gleichberechtigung von Frauen und Männern im Grundgesetz zu verankern. Die anderen drei Mütter des Grundgesetzes sind: Friederike Nadig, Helene Weber und Helene Wessel.
Würfele neu!

1951
Die Verankerung der Gleichberechtigung hieß für die meisten Männer erst einmal gar nichts. So berichtet die NZ-Wochenschau: „Zu großen Empfängen werden die weiblichen Abgeordneten trotz Protestes nicht geladen. Als Ausgleich werden sie dann von Frau Heuss, der Gattin des Bundespräsidenten, zum Tee gebeten." Artikel 3 Abs.2 GG hatte zur Folge, dass die vielen patriarchalischen Regelungen im Bürgerlichen Gesetzbuch verfassungswidrig waren und verändert werden mussten.
Setze eine Runde aus!

1958
Durch das Gesetz zur Gleichberechtigung von Mann und Frau auf dem Gebiet des bürgerlichen Rechts – kurz Gleichberechtigungsgesetz genannt – wurde 1958 der Auftrag des Grundgesetzes endlich umgesetzt. Allerdings erst mal theoretisch. Es bedurfte noch höchstrichterlicher Entscheidungen bis zur endgültigen Klärung: Bis 1976 galt Artikel 1356 BGB: „Die Frau führt den Haushalt in eigener Verantwortung. Sie ist berechtigt, erwerbstätig zu sein, so weit dies mit ihren Pflichten in Ehe und Familie vereinbar ist."
Setze einmal aus!

1961
Elisabeth Schwarzhaupt wurde am 14. November 1961 als erste Frau als „Minister für Gesundheitswesen" vereidigt. Sie muss sich von Adenauer gefallen lassen, sich bei „Moijn, meine Herren" mitzudenken.
Zwei vor und einen zurück!

1965
Die Geschlechterrollen sind im Traditionellen verhaftet. Ein Zitat aus dem Buch „Etikette" von Karlheinz Graudenz und Erica Pappritz: „Männer wollen glücklich gemacht werden, Frauen hingegen ist das Glücklichmachen anderer von Natur aus aufgegeben."
Setze einmal aus!

1968
1968 ist die Geburtsstunde der Zweiten Frauenbewegung.
Rücke fünf Felder vor!

1974
Durch Druck der Frauenbewegung wurde unter anderem der § 218 im Strafgesetzbuch reformiert. Es gilt die Fristenlösung. Nach einer Verfassungsklage der CDU wird eine modifizierte Indikationslösung eingeführt, ab 1995 eine modifizierte Fristenlösung mit Beratungspflicht.
Gehe zum nächsten Halt vor!

1975
Du hast Dich einer Selbsterfahrungsgruppe von Frauen angeschlossen. Deine neuen Erkenntnisse diskutierst Du abends mit Deinem Freund zu Hause. Der Märchenprinz wird zum Frosch und zieht aus. Du triffst gleichgesinnte Frauen und gründest eine Frauen-WG.
Gehe fünf Schritte vor!

1976
Du bist Mitglied der SPD und schließt Dich der AsF an.
Gehe fünf Schritte vor!

1977
Mit der Reform des Ehe- und Familienrechts wurde das Schuldprinzip bei Scheidungen abgeschafft. Beendet wurde auch die jahrhundertealte Tradition, wonach der Name des Mannes automatisch der gemeinsame Familienname wurde.
Gehe zwei Felder vor!

1978
Du hast Dich entschlossen, in die Gewerkschaft einzutreten und Dich für gleichen Lohn für gleichwertige Arbeit einzusetzen.
Gehe fünf Schritte vor!

1981
Frauen thematisieren die bis dahin öffentlich tabuisierte Gewalt in Beziehungen. Nach langem Kampf und zähem Ringen wird das Hanauer Frauenhaus eröffnet, das Frauen, die Opfer von Gewalt sind, Schutz bietet. Auch die Kinder erhalten hier eine Betreuung.
Gehe fünf Schritte vor!

1985
Unter dem Motto „Frauen, die kämpfen, sind Frauen die leben – gemeinsam das Patriarchat aus den Angeln heben" demonstrieren Frauen für die Gleichberechtigung.
Du schließt Dich ihnen an – fünf Schritte vor!

1990
In der Stadt Hanau wird die Stelle einer Frauenbeauftragten ausgeschrieben und ein Frauenbüro eingerichtet.
Fünf Felder vor!

1994
Seit 1994 heißt es in unserem Grundgesetz: „Männer und Frauen sind gleichberechtigt. Der Staat fördert die tatsächliche Durchsetzung der Gleichberechtigung von Frauen und Männern und wirkt auf die Beseitigung bestehender Nachteile hin." (Art. 3 Abs. 2)
Drei Felder vor!

1995
Das Hanauer Frauenplenum wird gegründet. Bis heute arbeiten Fraueninitiativen und andere Organisationen zusammen, um Frauenpolitik sichtbar zu machen und die Gleichberechtigung voranzutreiben.
Du hinterlässt Deine Adresse, um eingeladen zu werden und wirst selbst aktiv!

Warum ich mich einsetze ...

Heidi Bär
Ich bin seit 1972 Mitglied in der SPD. Mein Hauptanliegen war und ist bis heute, mich für die Belange der Frauen zu engagieren. Dabei ist mir besonders wichtig, dass Frauen ihrem Wunsch nach Berufstätigkeit und Familie ohne Probleme nachgehen können und dass Frauen in allen Bereichen der Gesellschaft gleichgestellt sind. Um dieses Ziel zu erreichen, müssen wir Frauen uns weiterhin gemeinsam stark machen.

Sylvia Daneke (früher Sylvia Driesslein-Bosse)
Ich habe 1977 die Arbeitsgemeinschaft sozialdemokratischer Frauen (AsF) Neuberg gegründet und war bis 1982 deren Vorsitzende. Von 1980 war ich als Vorsitzende der AsF im Main-Kinzig-Kreis sowie als Beisitzerin im Vorstand der AsF Hessen Süd tätig. Stets habe ich mich für frauen- und friedenspolitische Themen sowohl auf Orts- und Kreisebene als auch bis in den Wirkungskreis des Europaparlaments hinein eingesetzt.

Conny Gramm

Ich bin Betriebsratsvorsitzende der Vacuumschmelze in Hanau. Triebfeder für mein Engagement in der Frauenbewegung ist das Aufbegehren gegen die gesellschaftlich propagierte geschlechtsspezifische Arbeitsteilung und die damit verbundene Rollenzuteilung für Frauen. Diese Rollenzuteilung ist nicht naturgegeben, sondern veränderbar. Aber dazu braucht man Frauen, die nicht nur von besseren Zeiten träumen, sondern sich auch aktiv einmischen.

Das Motto „Wir wollen alles: Beruf, Familie und gesellschaftliches Engagement" und der Slogan „Die Ehe, die ist kein Ersatz für einen guten Arbeitsplatz" bringen es auf den Punkt, um was es mir geht.

Neben der Mitarbeit in der Demokratischen Fraueninitiative (DFI) und dem Frauenarbeitskreis der DKP (FRAK) war mein Schwerpunkt immer die gewerkschaftliche Frauenarbeit und hier vor allem das Thema „Gleicher Lohn für gleiche und gleichwertige Arbeit".

Erreicht haben die Gewerkschaftsfrauen immerhin, dass aus den Tarifverträgen die Lohnabschläge für Frauen, die es 1956 noch gab, verschwunden sind. Aber noch immer verdienen Frauen ein Drittel weniger als Männer, noch immer liegt zum Beispiel das Nettoeinkommen einer Erzieherin (nach fünf Jahren Ausbildung!) 224 Euro unter dem Durchschnitt aller Erwerbstätigen, noch immer wird die Arbeit von Frauen generell niedriger bewertet.

Wir haben in den Metallbetrieben Höhergruppierungsaktionen gestartet und die Kolleginnen für dieses Thema sensibilisiert und konnten sogar einige Erfolge erzielen.

Die Arbeitszeitverkürzung bei vollem Lohnausgleich, der Kampf 1984 für die 35-Stunden-Woche war für uns Frauen ein wichtiger Schritt, um die Voraussetzungen zu verbessern, Berufsarbeit und Familienarbeit partnerschaftlich zu teilen. Es ging aber auch um „Fünf Stunden mehr, für Liebe und Verkehr".

Ohne ausreichend qualifizierte Kindertagesstätten ist die Vereinbarkeit von Beruf und Familie ein Drahtseilakt, deshalb war auch dieses Thema immer auf unserer Tagesordnung.

Mädchen in „Männerberufe", Quotierung für Betriebsräte und gewerkschaftliche Gremien, gegen den § 218, für Frieden und Abrüstung, für aktive Frauenbündnisse, nicht nur am 8. März, die Liste, was uns bewegt hat und was wir gemeinsam bewegt haben und immer noch bewegen, ist lang!

Ruth Defoy
Ich bin eine APO-Oma und seit den 68er Jahren politisch engagiert. Ein Aspekt der studentischen Protestbewegung war die Politisierung des Privaten. Konflikte zwischen Schülern und Lehrern, Mitarbeitern und Boss oder Mann und Frau wurden als gesellschaftlich bedingt begriffen, Machtstrukturen offen gelegt, hinterfragt und bekämpft, Rollenklischees erkannt und verbannt. Die Energie aus dieser Zeit, nicht nur den Muff aus den Talaren, sondern aus verstaubten, erstarrten, ungerechten sozialen Verhältnissen wegzufegen, hat mich damals beflügelt und treibt mich bis heute um.

Elisabeth Heigl
Den ersten Impuls zum Engagement habe ich durch die Kinderladenbewegung bekommen. Die Frauenbewegung in all ihren Aspekten hat meinen Blick auf die Welt, auf die Menschen meines Umfelds und letztlich auch mich und meine Entscheidungen stark beeinflusst.

Hildegard Waltemate
Ich bin SPD-Mitglied seit 1970 und habe ab 1972 aktiv in der Arbeitsgemeinschaft sozialdemokratischer Frauen (AsF) in Hanau mitgearbeitet. Außerdem habe ich damalige Aktionen zur Verbesserung der Situation der Frauen in Politik und Beruf mitorganisiert. Seit 1975 war ich stellvertretende Vorsitzende und von 1976 bis 1980 Vorsitzende der AsF Main Kinzig-Kreis. Während dieser Zeit habe ich neben der Berufstätigkeit das Abitur nachgeholt und erfolgreich Sonder- und Heilpädagogik studiert.

Ilse Werder
Ich war Journalistin, Initiatorin und Aktivistin bei vielen frauenpolitischen Aktionen in den siebziger und achtziger Jahren und habe vier Kinder großgezogen. Als Gründerin des „Archiv Frauenleben im Main-Kinzig-Kreis" habe ich zahlreiche Bücher verfasst und mich stets als kulturpolitische Mahnerin in der Region verstanden.

Die vollständigen Interviews der Zeitzeuginnen sind in der Ausstellung „Das Private ist politisch!" zu sehen.
Die DVD kann über das Frauenbüro der Stadt Hanau bezogen werden. Herstellung: Bernhard Bauser.

Zum Weiterlesen:

Simone de Beauvoir: Das andere Geschlecht, Reinbek 2000 (erstmals 1949 erschienen)

Betty Friedan: Der Weiblichkeitswahn oder die Selbstbefreiung der Frau, Reinbek 1963

Ute Gerhard: Frauenbewegung und Feminismus. Eine Geschichte seit 1789, München 2009

Florence Hervé: Geschichte der deutschen Frauenbewegung, Köln 2001

Ilse Lenz (Hrsg.): Die Neue Frauenbewegung in Deutschland. Abschied vom kleinen Unterschied. Eine Quellensammlung, Wiesbaden 2010 (2. Auflage)

Kate Millet: Sexus und Herrschaft. Die Tyrannei des Mannes in unserer Herrschaft, München 1974

Sigrid Müller/Claudia Fuchs: Handbuch zur nichtsexistischen Sprachverwendung in öffentlichen Texten, Frankfurt am Main 1993

Rosemarie Nave-Herz: Die Geschichte der Frauenbewegung in Deutschland, Hannover 1989

Ursula Neumann: Ohne Jeans und Pille. Als „man" noch heiraten mußte, Stuttgart 1994

Luise F. Pusch: Die Frau ist nicht der Rede wert, Frankfurt am Main 1999

Auflösung des Rätsels von Seite 28:
Es handelt sich um eine Chirurgin, die die Mutter des Jungen ist.